El Cooperativismo ¿una alternativa al Capitalismo?

La Economía Solidaria
como alternativa real al
Capitalismo

El Cooperativismo ¿Una alternativa al Capitalismo?

DEDICATORIA
A todos aquellos
Que han muerto en vano
Luchando por un mundo mejor

El Cooperativismo ¿Una alternativa al Capitalismo?

Introducción	6
Una Mirada al Pasado	10
Surgimiento de la Sociedad Humana.	10
Conocer el pasado para entender el Futuro.	14
Una mirada al Presente.	20
Modos de Producción:	25
Características y Evolución	25
Modo de Producción Capitalista	31
¿Quién define el precio de una mercancía?	34
Modo de Producción Estalinista (Socialismo)	38
Nuevo Modo de Producción:	41
Las Cooperativas.	41
Valores y Principios Cooperativistas	44
Valores	44
Principios Éticos	44
Primer principio: Libre Adhesión	45
Segundo principio: Control democrático de los Socios	45
Tercer principio: Participación económica de los Socios	45
Cuarto principio: Autonomía e Independencia	45

Licenciado Reynaldo Chirino-Blanco

El Cooperativismo ¿Una alternativa al Capitalismo?

Quinto principio: Educación, entrenamiento e información.	46
Sexto principio: Cooperación entre Cooperativas	46
Séptimo principio: Compromiso con la comunidad	46
Ventajas socioeconómicas del Modelo Cooperativista:	47
Impedimentos y Trabas.	49
Una proyección hacia el Futuro.	52
Características actuales del Movimiento Cooperativista	55
El Cooperativismo y La Izquierda	58
El Cooperativismo y la Izquierda latinoamericana	65
Apéndice I - Pensadores, Filósofos y la Doctrina Cooperativas	67
Aportes de los Utopistas del Cooperativismo	68
Corrientes filosóficas vinculas al origen de las Cooperativas	69
Anexo II - El Cooperativismo en España	72
Evolución del Cooperativismo en España.	72
Ejemplo de Cooperativa Exitosa	75
La Corporación Mondragon	75
Historia	76
Cultura empresarial	78
Áreas de actividad	80
Finanzas	80

Industria	80
Distribución	82
Conocimiento	83
Centros de Formación	84
Centros de investigación e I+D	84
Anexo III - El Cooperativismo en los Estados Unidos	87
Reseña Histórica	87
El Cooperativismo en Estados Unidos	88
Anexo IV - Cooperativismo en el mundo: Hechos y cifras.	93
Las Cooperativas en las Américas.	93
Anexo V - La magnitud del fenómeno cooperativo global	96
a.- Sectores de población miembros de cooperativas	96
b.- Peso significativo en las economías nacionales	97
c.- Las cooperativas crean empleos.	99
Tabla de Figuras	100

Introducción

Este es un libro en que nos basamos en el pasado para analizar el presente y prepararnos para el futuro, es un libro en el que no nos interesa cuestionar viejas teorías, pero si creemos que es hora de analizar el pasado desde nuevas perspectivas y proponer nuevos paradigmas.

En su poco más de 8 mil años de existencias, el mayor peligro que ha enfrentado la Sociedad Humana es la exacerbación de las contradicciones entre los dos grandes bandos en los que se ha dividido el planeta y en el que las etiquetas de izquierdista, comunista, liberal, o progresista se contraponen con la misma furia y desprecio que los de derechista o conservador y cuya intransigencia ha llevado al planeta al borde de la extinción y polarizado toda la vida socio política de todas las naciones.

El comunismo surgió porque el sistema capitalista del siglo XIX no supo balancear su hambre de crecimiento con las necesidades de sus trabajadores, y fracasó al no poder implementar su modelo económico irracional.

A pesar de que el sistema capitalista actual ha logrado adaptarse a las nuevas circunstancias y haber socializado parte de las ganancias y de implementar medidas que mejoran ostensiblemente el nivel de vida de los trabajadores, aun así, existen grandes problemas sociales que necesitan ser enfrentado y solucionados lo antes posible.

Es hora de cambiar todo este enfoque si queremos sobrevivir como especie. Es hora de entender que las ideologías NO son mas importante que las personas. Que la política debe recuperar su sentido pragmático de buscar SOLUCIONES a los problemas sociales que tenemos y NO de imponerle a una parte de la población un sistema de ideas que no les beneficia en nada y de devolverles a los ciudadanos su capacidad de auto dirigirse y de no depender del estado.

Es hora de buscar nuevas soluciones y de preguntarnos:

- ¿Existe actualmente alguna forma de producción lo suficientemente establecida que pueda solucionar los problemas que tenemos y que beneficie a todos por igual?
- ¿Existe alguna forma de producción en el que la búsqueda de ganancias no sea lo más importante?
- Si existiera, ¿están creadas las condiciones para que esa nueva forma pueda tener un papel más protagónico en la economía mundial?
- ¿esta nueva forma de producción se puede implementar sin sangrientas conmociones sociales?

Mi respuesta a estas preguntas es SI, si existe y se llama **COOPERATIVISMO o ECONOMÍA SOLIDARIA**, también llamada economía democrática o de autogestión.

El objetivo de este libro es el de exponer cómo llegue a esta respuesta y exponer toda una amplia gama de posibilidades que se nos presentan si cambiamos nuestro paradigma actual y aceptamos de que existen otras vías, vías pacíficas y sin violencia, para encontrar soluciones a los problemas que tenemos.

La enseñanza fundamental que quisiera que Ud. saque de la lectura de este libre es que:

SOLUCIONAR LOS PROBLEMAS DE LA HUMANIDAD ES MAS IMPORTANTES QUE IMPONER IDEOLOGÍAS QUE SOLO NOS DIVIDEN Y NO BENEFICIAN A NADIE Y DE QUE EXISTE LA OPCIÓN REAL PARA LOGRARLO.

Licenciado Reynaldo Chirino-Blanco

El Cooperativismo ¿Una alternativa al Capitalismo?

Este libro te mostrará como el concepto anterior tomó forma y se ha convertido en una forma económica muy superior a las corporaciones actuales con rendimientos y estabilidad muy superiores a estas.

A pesar de sus más de 150 años de existencia ha acumulado la suficiente experiencia como para convertirse en una de las formas económicas más exitosa de los últimos 50 años con más de 3 millones de locales en más de 115 países, ¿más de mil millones de trabajadores y ventas por más de 2,6 trillones de dólares anualmente en ventas.

Los resultados de este libro nos pueden servir para desarrollar nuevas estrategias para llegar a soluciones prácticas de los problemas que aún tenemos que enfrentarnos todos cada día.

Esto es solo una introducción, pero lo suficiente amplia para que entiendas que existe una opción, que existe una salida a este ciclo vicioso del cheque que nunca llega a final de mes.

Licenciado Reynaldo Chirino-Blanco

El Cooperativismo ¿Una alternativa al Capitalismo?

Una Mirada al Pasado
Surgimiento de la Sociedad Humana.

Para comenzar viajemos un poco al pasado, a los orígenes del hombre, pero no cuando este comenzó a convertirse en primate sino solo 10 mil años atrás, cuando decidió unirse a otros hombres y crear los primeros asentamientos humanos.

Hasta ese momento había vivido en pequeños grupos familiares, temerosos de encontrar otros grupos similares porque eso podría significar la aniquilación de su propio grupo. vivían con miedo de todo y tenían muy buenas razones para ello, era una época en la que existían depredadores gigantescos y ellos, los humanos, formaban parte del menú. Algunos científicos dicen que su esperanza de vida promedio fue de alrededor de 25 años

Esta forma de vida permaneció así durante cientos y miles de años debido a la feroz competencia por los escasos recursos disponibles. Pronto estos grupos entendieron que sus posibilidades de sobrevivir eran proporcionales al número de miembros que el grupo tenía, esto aumentó drásticamente sus interacciones interpersonales y por lo tanto un aumento en sus necesidades de comunicación y organización interna.

Permanecer en un grupo les proporcionó un suministro relativamente seguro de alimentos, mayores oportunidades de apareamiento, compañerismo, protección y seguridad.

Otra consecuencia de este proceso es que empiezan a aparecer los primeros avances "tecnológicos", esto es, la modernización de los instrumentos laborales y, por lo tanto, hay un aumento de la producción y la aparición de un pequeño superávit. Pronto, este

Licenciado Reynaldo Chirino-Blanco

superávit se dedica a ser canjeado por productos que otros grupos producían en exceso.

Así nacieron las primeras formas de comercio, y su primer beneficio fue crear un mínimo de confianza entre aquellos primeros humanos que empezaron a colaborar entre sí para mejorar sus condiciones de vida. Así surgió la sociedad humana.

Pero ¿Qué entendemos por Sociedad Humana?

Sociedad es un sistema de organización humana altamente estructurado de una comunidad, cuyos miembros se asocian para satisfacer necesidades comunes de distintos tipos como, por ejemplo, sociales, laborales, religiosas, culturales, científicas, políticas, o de cualquier otro tipo. Una comunidad así organizada les proporciona **protección, continuidad, seguridad** y una identidad nacional.

La vida en sociedad es una forma de adaptarse al medio y de aprovechar la fuerza del número y de la especialización de los individuos. Es un modo de protección contra todo lo hostil que existe fuera de ella y le aporta mejores oportunidades de nutrición, interacciones y de reproducción a cada uno de sus miembros.

Este proceso de "socialización" tuvo como consecuencia natural, la formación de distintos grupos humanos que comenzaron a ser cada vez más grandes y complejos. Esto los obligó a dejar la vida nómada que habían llevado hasta ese momento y formar los primeros asentamientos humanos con una estructura social definida.

La sociedad cambia gradualmente, a través del tiempo, y pasa de un estado simple y homogéneo a otros más complejos y heterogéneos; se transforman de Clan, a Tribu, a definir un concepto de nacionalidad hasta que, finalmente, llegan a la creación del Estado.

El Cooperativismo ¿Una alternativa al Capitalismo?

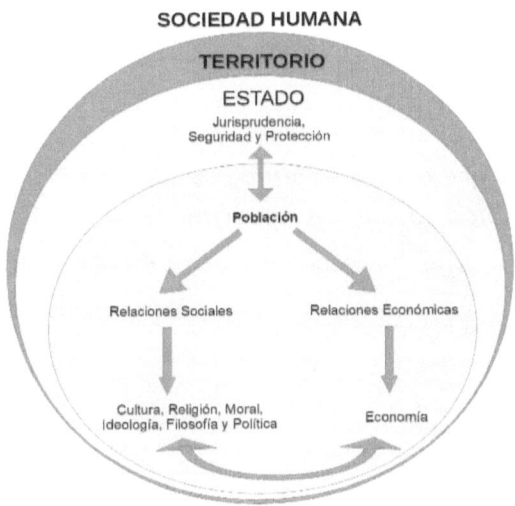

No es mi intención ni es objetivo de este folleto, el hacer aquí un estudio detallado del surgimiento de la sociedad humana, pero si es importante enfatizar que el hombre (no me refiero al individuo masculino de esta especie sino a la especie en su conjunto) es un ser social, que necesita de otros hombres para sobrevivir y mantener su condición de persona. Eso es lo que nos distingue como humano.

Descripción de una mujer Neanderthal (foto de: Joe McNally/National Geographic)

La sociedad surge como resultado natural de la necesidad de los seres humanos de protegerse, de relacionarse y de vivir en armonía.

Sin este paso, hoy seguiríamos siendo simplemente el "Homo Erectus", la especie animal más inteligente del planeta y nada más.

Licenciado Reynaldo Chirino-Blanco

El Cooperativismo ¿Una alternativa al Capitalismo?

Este proceso no fue homogéneo ni en tiempo ni espacio, cada grupo humano desarrolló características diferentes de acuerdo con sus condiciones geográficas propias y su nivel de interacción con otros grupos humanos.

Un ejemplo es que, aun hoy en día, encontramos en áreas muy remotas, tribus que no han salido de la Edad de Piedra y rehúsan a todo tipo de contacto con el exterior.

El Cooperativismo ¿Una alternativa al Capitalismo?

Conocer el pasado para entender el Futuro.

Numerosas ciencias nos han ayudado a conocer la riqueza y complejidad de nuestro pasado, pero existe la tendencia a simplificar su complejidad, tergiversándose, incluso, su historicidad e importancia.

Existe la creencia generalizada de considerar un modo de producción como un proceso homogéneo en tiempo y espacio, es decir, que existe la creencia de que dicho modo de producción se comporta de la misma forma en una amplia área geográfica y durante un largo periodo de tiempo.

Esto es algo que la arqueología nos ha demostrado ampliamente de que es totalmente falso.

Otro ejemplo es el llamado feudalismo islámico en el Medio Oriente. Cuando se compara Europa con el Mundo Árabe notamos que ambas sociedades mostraban características completamente diferentes uno del otro. Mientras que Europa languidecía bajo el yugo feudal y sufría un estancamiento total del comercio, las ciencias, las artes y las tecnologías, en el mundo árabe ocurría todo lo contrario, estas florecían y avanzaban impetuosamente. Esta situación se mantuvo así hasta el siglo XV cuando surge el Renacimiento Europeo.

En Europa, el Rey, no tenía ningún control sobre los feudos, el control de estos lo tenían los Señores feudales y su propiedad permanecían en la misma familia por generaciones. la agricultura, que era la base económica del reino, estaba fraccionada, desatendida y apenas producía algún excedente. En el feudalismo islámico la tierra era poseída colectivamente por estos y obtenían grandes excedentes; junto a un fuerte estado centralizado que los apoyaban, la aristocracia árabe controlaba toda la economía.

Licenciado Reynaldo Chirino-Blanco

El Cooperativismo ¿Una alternativa al Capitalismo?

Sin embargo, el feudalismo europeo dio lugar a lo que hoy conocemos como "capitalismo" mientras que el feudalismo islámico no evolucionó. Por diversas razones el feudalismo islámico se estancó y retrocedió en todos los campos sociales y económicos; las transformaciones proto-capitalistas ocurrieron a partir del siglo XIX como consecuencia de la intervención europea que tuvo lugar en esa región después de la derrota del imperio Otomano.

Otro ejemplo lo tenemos en África donde, antes de la colonización europea, no existía ninguna forma de feudalismo. Excepto algunos reinos como los de Ghana o Mali, la forma prevaleciente de organización social era el clan o pequeñas tribus con la familia patriarcal como centro y donde, a pesar de existir ciertas formas de esclavitud, su nivel de explotación era muy bajo y eran usados principalmente en labores domésticas o como apoyo en las labores agrícolas, su aporte a la producción social era muy bajo y apenas producían algún excedente para sus dueños.

En África, la evolución de la sociedad tampoco siguió el curso que el resto del mundo había seguido y cuando finalmente, en el siglo XVI, entraron en pleno contacto con la cultura europea todo fue de mal en peor.

El supuesto paso de la Comunidad primitiva a formas feudales nunca ocurrió en África. Los pocos vestigios de estructuras económicas capitalistas que encontramos hoy en día fueron aquellas que los europeos impusieron y mantienen como resultado de la colonización europea, mientras que en el resto del continente aún se mantienen las formas primitivas de tribalismo.

Por último, tenemos el caso de las Civilizaciones precolombinas en América antes de la invasión europea del siglo XV.

El Cooperativismo ¿Una alternativa al Capitalismo?

Los Olmecas, los Aztecas, los Mayas, los Incas, etc. estaban organizados en grupos familiares donde cada familia era autosuficiente y dueñas de sus propiedades. Ríos, bosques y otros recursos eran propiedad comunal.

Existía una casta elite que recibía tributos de la comunidad que podía ser en forma de "especies" o de trabajo el cual era realizado en los campos pertenecientes a las mismas y el poder central no se inmiscuía en las comunidades ni exigía pagos extras. No existía un producto único que controlaran para obligar a las comunas a entregar sus tributos. Todo esto era muy diferente a lo que sucedía en la Europa feudal o en los Valles fluviales del Oriente. Su influencia principal era religiosa.

Estas culturas, totalmente aisladas de la influencia del Viejo Mundo, tampoco evolucionaron siguiendo el modelo marxista, aunque existían esclavos no hubo una sociedad esclavista, no hubo feudalismo, a pesar de sus avances y limitaciones mantuvieron un tipo de comunidad tribal o clanes que fue interrumpida con la llegada de los colonizadores europeos.

En fin, todos estos ejemplos nos demuestran que la evolución de las sociedades humanas no fue ni es un proceso predecible, homogéneo en tiempo y/o espacio y que la transición de uno a otro sigue caminos muy diferentes y sobre todo que la formación de sociedades con altos niveles de desarrollo económico, avances científicos y refinada cultura no están obligadas a seguir un orden predefinido. Supongo que Marx simplemente presentó su lista de modos de producción de acuerdo con como estas se sucedieron en Europa.

Lo que si todas tienen en común es que la influencia europea en las misma las llevo a un retroceso social y cultural del cual aún no se han podido recuperar.

Licenciado Reynaldo Chirino-Blanco

El Cooperativismo ¿Una alternativa al Capitalismo?

Esta es la historia que debería de enseñarse en las escuelas.

Otra falsa concepción es el creer que el paso de un modo de producción a otro ha ocurrido a través de "revoluciones o saltos" violentos", en lo que todo ocurre espontáneamente en unos pocos días y sin premeditación cuando en realidad estos procesos ocurren de forma lenta y dolorosa.

La Sociedad Humana es un ente sumamente complejo y como tal, debe ser analizado como un sistema.

¿qué se define como Sistema?:

- Un sistema se define como una entidad con límites. El cambio de una parte del sistema afecta a las demás y con esto, al sistema completo.
- Los sistemas corresponden a entes concretos, caracterizados por ser complejos y únicos.
- El crecimiento positivo y la adaptación de un sistema dependen de qué tan bien éste se ajuste a su entorno.

Los problemas sociales y económicos de cualquier sociedad humana son parte de este complejo sistema y mantienen estrechas relaciones entre sí y deben ser considerados como un todo, es decir, que cada componente tiene que estudiarse con respecto a su relación con todos los demás componentes y no con respecto a unos pocos para que los resultados así obtenidos sean realmente confiables.

Todas las sociedades, pasan por distintas etapas durante su existencia y durante todo este tiempo, fenómenos como el incremento de las necesidades de la población, las posibilidades que tiene para satisfacer dicha necesidades, las desigualdades en la forma en que se realiza la distribución y los cambios exigidos para solucionar estos problemas, introducen contradicciones que exigen cambios, Solo aquellas sociedades que logran resolver estas

El Cooperativismo ¿Una alternativa al Capitalismo?

contradicciones y mantener un equilibrio estable entre sus componentes, son capaces de adaptarse a las nuevas circunstancias, asimilar los cambios y evolucionar hacia una nueva forma de sociedad.

La nueva sociedad surge mejor preparada que la anterior para satisfacer las necesidades de la población y mantiene, por un tiempo, el equilibrio entre sus componentes hasta que las mismas contradicciones vuelve a aparecer y se repite el ciclo.

Una de las pocas cosas en la que estoy de acuerdo con Marx es que la base económica de una sociedad influye en la superestructura social de la misma, pero esta, a su vez, influye en la economía.

Según el argot popular, la frase "las personas no viven como piensan, sino que piensan según como viven" representa perfectamente este principio. Es por eso por lo que es necesario explicar y difundir esta información, de cómo funcionan las leyes evolutivas de la sociedad, para que así los miembros de esa sociedad puedan tomar las medidas adecuadas de forma consciente e informada.

Esto no es solo importante para evitar tensiones sociales internas, sino también evitar la aparición de mesías oportunistas, prepotentes y megalómanos que añadirían más tensiones a las ya existentes.

La experiencia histórica nos demuestra que cada vez que en una sociedad existen desequilibrios (tensiones sociales) es que su base económica está "enferma" y necesita cambios importantes para "curarse" y recuperar el equilibrio que le permita seguir evolucionando.

La actual forma de producción capitalista, en todas sus formas y variantes, es incapaz de solucionar las contradicciones que

El Cooperativismo ¿Una alternativa al Capitalismo?

representa la existencia de una enorme área de pobreza y la concentración de la riqueza en manos de una minoría.

No solo esto es ilógico desde el punto de vista de supervivencia social, sino que también lo es desde el punto de vista moral y solo demuestra que existe algo realmente mal con este sistema. Necesita ser reformado, pero ¿cómo? ¿aplicaremos las mismas medidas que ya intentaron los comunistas? ¿impondremos el cambio por medios violentos? ¿violentaremos nuevamente las leyes de la evolución social?

No, esa no sería la solución, al menos no una solución permanente o aceptables para todos. Los generadores de riquezas tienen que estar convencidos de que el cambio les beneficiará y que el sistema mantendrá una estabilidad y equilibrio sostenible y duradero.

El Cooperativismo ¿Una alternativa al Capitalismo?

Una mirada al Presente.

Saltemos 10 mil años en el futuro y aterricemos en el siglo XX. Olvidemos todas las vicisitudes que las distintas sociedades sufrieron en el pasado. Este es el siglo que se caracterizó por la maduración y consolidación del sistema capitalista a nivel mundial y el surgimiento de su némesis, el llamado socialismo al que yo llamaré "estalinismo".

Dos sistemas socio económicos ideológicamente opuestos que lucharon a muerte en todos los terrenos para imponerse uno sobre el otro. Esta etapa de nuestra historia se llamó "Guerra Fría" porque no era una guerra con armas convencionales sino una guerra de ideas y que terminó con la desaparición del bloque socialista y con la disolución de la Unión de Repúblicas Socialistas Soviética (URSS) en diciembre de 1991.

En septiembre de 2001, el ataque terrorista a las Torres Gemelas de Nueva York dio lugar a la invasión de Afganistán y posteriormente a la de Irak. Comenzó una guerra mundial contra un elusivo enemigo, que llevó a Estados Unidos a gastar miles de millones de dólares en dos guerras inútiles, una amplia política de desregulaciones llevada a cabo por el presidente republicanos George W. Bush, junto a la adicción de Wall Street por la especulación con los instrumentos financieros, crearon una enorme burbuja financiera que al explotar arrastro consigo al resto del mundo. En el 2008 el mundo fue testigo de la peor crisis económica sufrida por el capitalismo en toda su existencia.

Una crisis donde miles de millones de dólares, desaparecieron casi instantáneamente. En que los indicadores económicos cayeron a los niveles históricos más bajos, en los que millones de personas perdieron sus trabajos, ahorros y pensiones. Una crisis que demostró descarnadamente las fallas y debilidades del sistema capitalista

El Cooperativismo ¿Una alternativa al Capitalismo?

mundial y lo equivocado que estaba la profecía del señor Fukoyama. La democracia liberal no estaba exenta de los errores que sufrían los sistemas anteriores a ella.

Por un lado, tenemos al capitalismo, con su énfasis en el desarrollo económico, pero a través de la maximización de las ganancias a cómo fuese necesario y por el otro lado tenemos al "estalinismo" (socialismo), que intenta asegurar satisfacer las necesidades sociales de la población mediante la imposición de un modelo social autocrático y económicamente ineficiente. Ambos sistemas han demostrado ser imperfectos e incapaces de solucionar los problemas del desarrollo sostenible y estable de la sociedad.

Ni el capitalismo en todas sus variantes y formas, ni el modelo estalinista, y mucho menos su variante moderna el mal llamado socialismo del siglo XXI saben cómo solucionar el problema de la pobreza ni de la desigualdades sociales o económicas.

Si todos conocemos esta verdad entonces me pregunto, ¿por qué ninguno de los ilustres economistas, politólogos, sociólogos, o filósofos de la izquierda, que dedican todo su tiempo a investigar las intricadas relaciones entre sociedad y economía, han podido proponer un nuevo modelo económico que mantenga un equilibrio entre el desarrollo social y el desarrollo económico que nos beneficie a todos?

Durante años he visto la tenacidad con que las fuerzas de izquierda han intentado imponer, alrededor de todo el planeta, un modelo económico que ellos creen que puede solucionar los problemas de pobreza y desigualdades que actualmente existen.

Este modelo está basado en las tesis marxistas que plantean que estos problemas pueden ser solucionados con la implantación de la Dictadura del Proletariado primero para, posteriormente, "formar"

El Cooperativismo ¿Una alternativa al Capitalismo?

las nuevas generaciones que vivirán en armonía en un utópico paraíso terrenal.

La experiencia histórica demostró cuan falsas eran estas premisas y solo unas pocas revoluciones, (2 exactamente), triunfaron basándose en los ideales socialistas y en sus propias condiciones de desarrollo: la Revolución Rusa de 1917 y la Revolución China de 1949.

La Revolución de noviembre de 1918 en Alemania y la de España 1936 fracasan estrepitosamente a pesar de la valentía y patriotismo de los alemanes y españoles y del apoya tácito de la URSS.

Al final de la 2nd Guerra Mundial solo **Yugoslavia y Albania** las guerrillas comunistas implantaron un régimen comunista que no acepto supeditarse a los soviéticos.

En 1918 quedaron bajo el control de la Unión Soviética: **Rusia, Bielorrusia, Armenia, Azerbaiyán, Estonia, Georgia, Kazajistán, Kirguistán, Letonia, Lituania, Moldavia, Tayikistán, Turkmenistán y Ucrania.**

En Europa del Este la URSS impuso gobiernos de Democracias Populares en **Bulgaria, Hungría, Checoslovaquia, Polonia, Alemania Oriental y Rumania.**

A estos se agregaron posteriormente países de América Latina, África y Asia que implantaron el modelo soviético bajo su supervisión: **Mongolia, Cuba, Vietnam, Corea del Norte, Yemen del Sur, Camboya, China, Laos, Yemen, Etiopía, Angola, Somalia, Congo-Brazzaville, Mozambique, Guinea-Bisáu, Benín, Argelia, Birmania, Nicaragua, Granada y Afganistán.**

Finalmente, en el siglo XXI, tenemos una variante que llega al poder por medios democráticos pero que pasan inmediatamente a

El Cooperativismo ¿Una alternativa al Capitalismo?

implantar diversas variantes del modelo cubano: **Venezuela, Ecuador, Brasil, Argentina y en el 2018, México.**

¿Qué han tenido en común todos estos movimientos revolucionarios?

- Todos siguieron al pie de la letra la filosofía social y económica del marxismo-leninismo,
- Todos impusieron la ideología por encima de las necesidades reales del pueblo,
- Todos sufrieron grandes dificultades económicas y de escasez a pesar de la multimillonaria ayuda soviética,
- Todos implantaron el "voluntarismo" como método de dirección económica,
- Todos sufrieron represalias de los soviéticos cada vez que intentaban introducir reformas por muy leves que están fueran,
- Todos fracasaron y solo Cuba, Corea del Norte, Vietnam y China se mantienen aún en el poder mediante el uso de la represión.

Durante un corto periodo de auto complacencia, 15 años exactamente, en el que parecía que realmente habíamos llegado al Fin de la Historia tal como lo había proclamado Fukuyama, nos encontramos nuevamente frente a una de las peores crisis económicas de la historia.

Cuando no hay contrapeso no hay equilibrio, el sistema capitalista esta "enfermo" y no se vislumbra una "cura" adecuada y he esperado por años por una propuesta científica, aplicable a los problemas sociales más acuciantes y desprovista de la retórica y la demagogia ideológica fundamentalista de los partidos políticos, una propuesta real basada en premisas y principios económicos socialmente viables sin tener que recurrir a la violencia revolucionaria para lograrlo.

El Cooperativismo ¿Una alternativa al Capitalismo?

No me sorprendí cuando leí en un excelente artículo de la revista inglesa "The Economist" (https://www.economist.com/news/finance-and-economics/21741563-fourth-our-series-professions-shortcomings-economists-focus-too) en el que se critica la obsesión de los economistas de analizar los problemas económicos separadamente de los problemas sociales cuando en realidad ambos están íntimamente ligados.

Licenciado Reynaldo Chirino-Blanco

El Cooperativismo ¿Una alternativa al Capitalismo?

Modos de Producción:
Características y Evolución

Todos los hayan estudiado las tesis marxistas estarán familiarizados con el término "Modos de Producción". De acuerdo con la visión de Marx, el modo de producción designa a la **manera social en la cual se producen los bienes y servicios que se consideran necesarios para la vida de los seres humanos.**

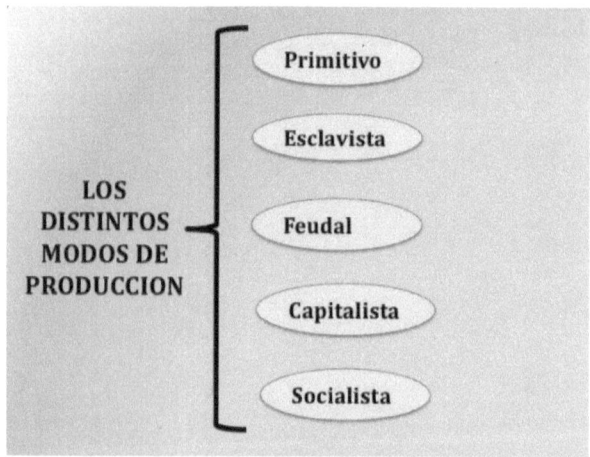

Según Marx, el orden social está en estrecha vinculación con el modo de producción existente en la sociedad en cuestión y también con la distribución del ingreso y del mismo consumo.

La distribución de la riqueza y del consumo que existe en una sociedad dependerá directamente de cómo se producen los bienes de consumo.

La fuente principal de contradicciones, según Marx, dentro de un sistema y por lo tanto su fuente principal de inestabilidad y perdida

Licenciado Reynaldo Chirino-Blanco

El Cooperativismo ¿Una alternativa al Capitalismo?

del equilibrio es la naturaleza de las relaciones entre las clases dueñas de los principales medios de producción (en estos momentos serían los capitalistas) y los trabajadores que operan dichos medios.

Es de suma importancia entender esta relación porque solo así podremos comprender como se producen los cambios sociales y para eso hemos resumido, de una forma muy simplificada en el diagrama de la figura #2, como estas relaciones se han manifestado a través de la historia humana.

Si observamos detenidamente el diagrama mencionado veremos que las principales clases sociales involucradas en el surgimiento de nuevos modos de producción, las antiguas clases dominantes se las arreglan para transformarse en las nuevas clases dominantes, mientras que las clases oprimidas desaparecen como grupos sociales.

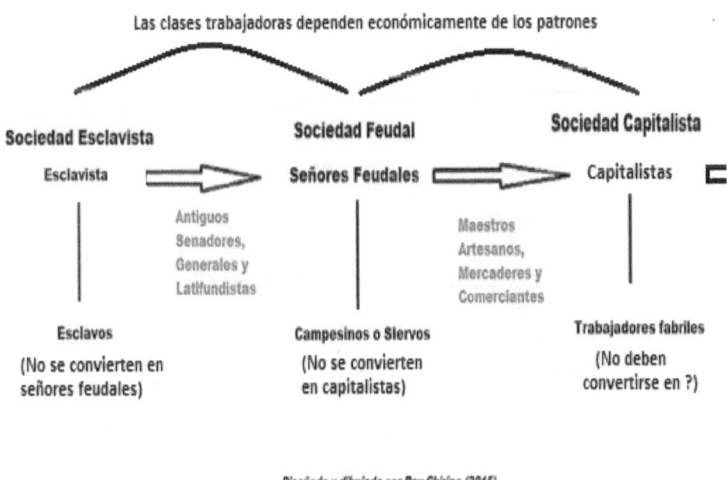

Figure 2 Modos de Producción y sus Grupos Sociales

El Cooperativismo ¿Una alternativa al Capitalismo?

Un simple análisis nos muestra que, solo las clases poseedoras de los medios de producción evolucionan y permanecen relevantes.

Según Dialéctica Materialista de Marx, la propiedad privada capitalista es la primera negación de la propiedad individual de los medios de producción basada en el trabajo individual. Pero en su desarrollo, el capitalismo, prepara él mismo las condiciones de su caída: la expropiación del capital es la negación de la negación, **_el restablecimiento de la propiedad individual, es decir, la propiedad de los trabajadores mismos sobre los medios de producción, pero a un nivel superior, "...una propiedad individual basada en la cooperación y en la posesión colectiva de la tierra y de los medios de producción producidos por el propio trabajo_**" (Marx, El Capital, Lib. I, vol. II)

Independientemente de la veracidad o no de esta suposición, de lo que si estamos seguro es que cualquiera que sea el modo de producción que sustituya al régimen capitalista, su germen, el "virus" que la matará **ya existe y está creciendo** en sus entrañas.

Si queremos descubrir la clase (o las clases) social que le dará el tiro de gracia al capitalismo debemos entonces hacer un inventario de los distintos modelos de negocios vigentes actualmente y estudiar qué tipo relación se establece entre estas clases y sus trabajadores.

Solo nos falta conocer ¿Cuál es ese germen?

¿Cómo podremos reconocerla entre las clases actuales?

¿Qué clase, de las que existen hoy, está destinado a ser la clase dominante o relevante en el próximo modo de producción?

Para responder estas y otras preguntas tenemos que recordar que con el comienzo de cada nuevo ciclo, nuevas relaciones y nuevas contradicciones comienzan a manifestarse entre dichas clases. Sin embargo, solo aquellas clases en las que se establece una estrecha

El Cooperativismo ¿Una alternativa al Capitalismo?

relación de explotación son las que se convierten en las fuerzas motrices de su época.

Para estudiar y entender lo dicho anteriormente, resumir en el cuadro que se muestra a continuación la interrelación que ha existido, y que existe, entre las clases patronales y las clases trabajadores durante los distintos Modos de Producción.

Modo de Producción	Clase Dominante	Relación entre clases	Tipo de relación social	Clase Trabajadora
Comunidad primitiva	No hay	**Comparten todo entre si**	Muy estrecha	No hay
Esclavismo	Dueños de grandes masas de esclavos	**Esclavista mantiene vivo al esclavo**	personal	Prisioneros de guerra y deudores
Feudalismo	Dueños de grandes extensiones de tierra	**Señor Feudal protege al campesino a cambio de un tributo**	Indirecta, pero conoce a sus vasallos	Campesinos libres y artesanos
Capitalismo	Dueños de maquinarias y centros industriales	**Capitalista paga un salario al obrero**	Impersonal, no tiene trato con sus trabajadores	Trabajadores contratados y campesinos
Estalinismo	El Estado es dueño de todos los centros económicos	**El Estado paga un salario al trabajador**	Impersonal, no tiene trato con sus trabajadores	Trabajadores contratados y campesinos

Licenciado Reynaldo Chirino-Blanco

El Cooperativismo ¿Una alternativa al Capitalismo?

En la 3ra columna de la tabla anterior hemos subrayado un verbo en cada celda, una palabra que define el tipo de relación económica que existía entre ambas clases.

Aunque es obvio, el objetivo de esta tabla no es otro que el de resaltar que, a través de todas las sociedades, las fuentes de ingresos de los productores (los explotados) han dependido y aun dependen exclusivamente de los patrones (los explotadores).

Otra característica que podemos resaltar es que a medida que esta dependencia se va haciendo más **impersonal,** al capitalista le importa cada vez menos la situación de sus trabajadores, por lo que las ganancias se van incrementado exponencialmente a la vez que la explotación es más intensa en la misma proporción.

En algún momento entre 2010-2015 salta a la palestra pública en Estados Unidos, una nueva y más peligrosa transformación en el uso de las fuerzas productivas; la llamada "Sharing Economy" cuyo exponente más conocido es la compañía Uber, así como Lift, Airbn, y otros.

Modo de Producción	Clase Dominante	Relación entre clases	Tipo de relación social	Clase Explotada
Sharing Economy	El capitalista de la infraestructura que controla el mercado.	**El trabajador es responsable de todo y gana un % del precio que el capitalista acordó.**	No hay relación alguna	Trabajadores contratados

Esta última variante es la expresión máxima de explotación en la que el capitalista se adueña del mercado y se deshace por completo de toda responsabilidad con sus trabajadores, lo que le permite inundar el mercado con servicios extremadamente baratos.

Licenciado Reynaldo Chirino-Blanco

El Cooperativismo ¿Una alternativa al Capitalismo?

Por suerte, este modelo de negocio solo ha penetrado una pequeña parte del mercado y su consolidación en el sector de servicios se ha visto afectada por cuestionamientos de ética profesional y preocupación por la seguridad de los consumidores.

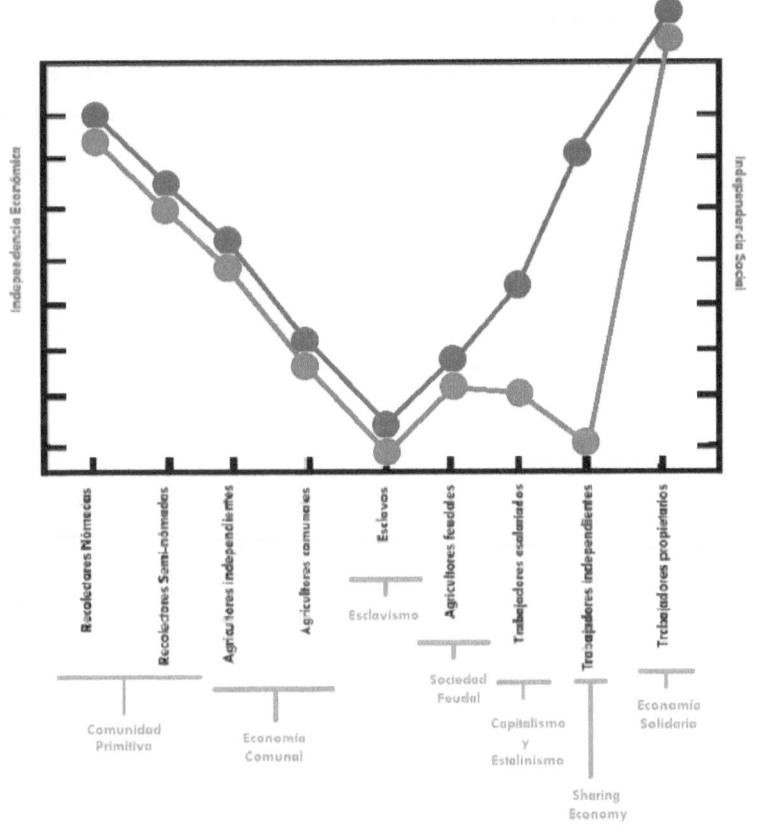

INDEPENDENCIA SOCIAL: se refiere al nivel de libertad personal del trabajador respecto a su patrón

INDEPENDENCIA ECONOMICA: se refiere a la dependencia económica del trabajador respecto a su patrón.

Licenciado Reynaldo Chirino-Blanco

El Cooperativismo ¿Una alternativa al Capitalismo?

Modo de Producción Capitalista

En la sección **A** del siguiente diagrama, te mostramos la interdependencia que existe entre las clases mencionadas. Esta sección es donde radica la fuente de riqueza del actual Modo de Producción Capitalista.

Repito, la sección marcada con la letra **A** es donde radica el centro del poder capitalista y su fuente principal de ganancias; la compraventa **de la fuerza laboral de los trabajadores.**

Durante este proceso el capitalista negocia con el trabajador el pago de su fuerza laboral por una cantidad "X" de horas diarias e intenta pagarle lo menos posible para mantener lo más bajo posible los costos de producción de sus productos y así obtener mayores márgenes de ganancias sin alterar los precios vigentes.

Es este proceso se establece una relación de dependencia del trabajador con su patrón porque su salario es la única o la principal fuente de ingreso que este tiene para obtener los productos necesarios para su subsistencia y la de su familia.

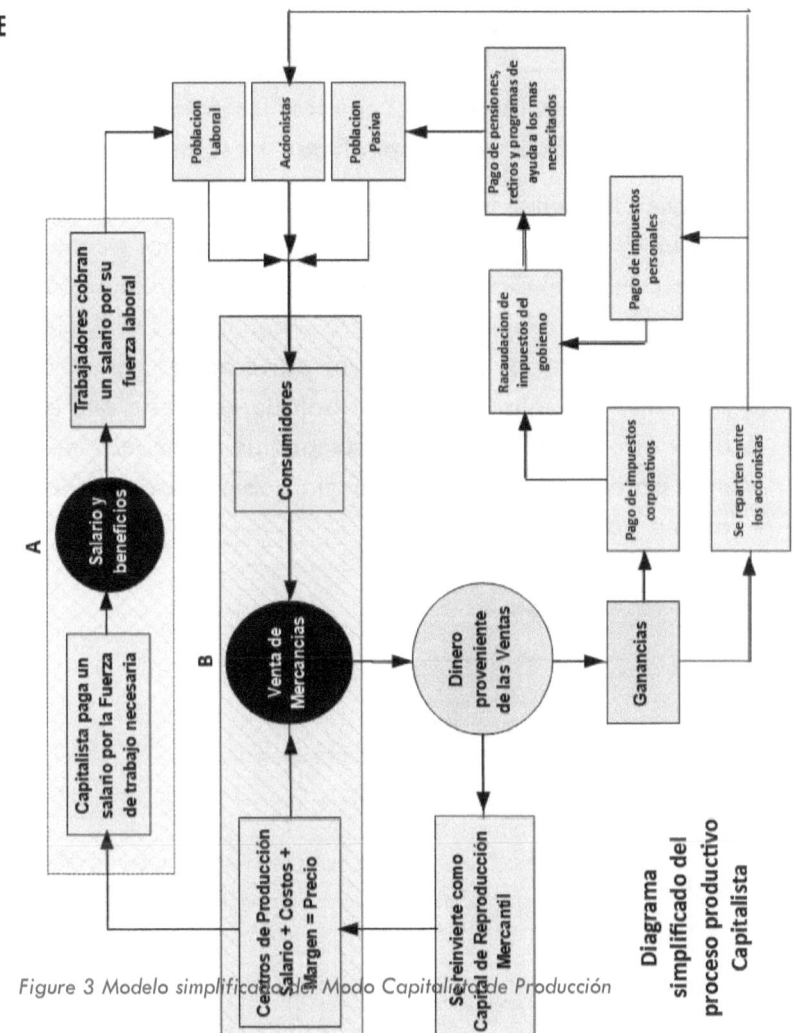

Figure 3 Modelo simplificado del Modo Capitalista de Producción

El patrón necesita al trabajador, pero lo puede reemplazar en cualquier momento mientras que el trabajador depende por completo de su salario y por ende de su patrón. Esta dependencia le sirve al patrón de instrumento de coerción para mantener a raya las demandas y la disciplina de los trabajadores.

El Cooperativismo ¿Una alternativa al Capitalismo?

¿Por qué es tan importante conocer los detalles de esta interdependencia entre capitalistas y asalariados?

Porque el objetivo final de producir mercancías es la de venderse en el mercado y obtener dinero de su venta, tal y como lo muestra la sección **B** del diagrama anterior, es decir, la materialización de las ganancias proyectadas, pero si analizamos el siguiente diagrama veremos que la mayor parte de esas ganancias provienen del salario de los trabajadores puesto que estos tienen que gastar sus ingresos en la compra de las mismas mercancías que ellos produjeron creándose así una doble interdependencia de estos con sus patrones.

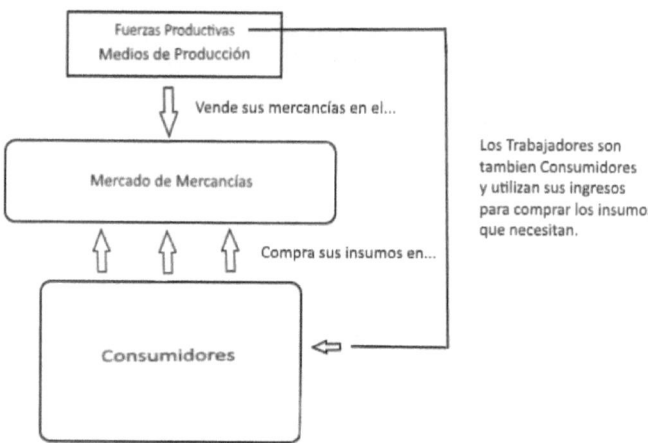

Lo que los patrones les pagan a sus trabajadores por su trabajo lo recuperan al final del ciclo cuando estos les compran a sus patrones las mismas mercancías que ellos produjeron.

El Cooperativismo ¿Una alternativa al Capitalismo?

¿Quién define el precio de una mercancía?

El mercado se mueve según las leyes de la Oferta y la Demanda y está íntimamente ligado a los precios de las mercancías y los precios de las mercancías dependen de su costo de producción los que, a su vez, se definen como la suma de todos los gastos, directos e indirectos, incurridos en la confección de dicha mercancía tal como aparecen en el diagrama de la figura 3.

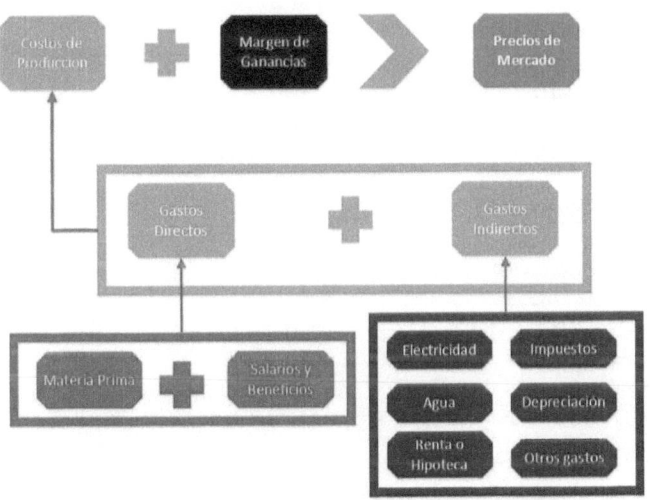

Figure 4 Componentes del precio de las Mercancías

Gastos Directos: Son los gastos que están **directamente relacionados** con la producción de las mercancías como son el costo de las materias primas y los gastos en salarios.

Gastos Indirectos: los gastos indirectos están relacionados con otros gastos necesarios pero que **no están directamente** relacionados con la mercancía como el gasto en electricidad, agua, pagos de impuestos, renta y otros más.

Licenciado Reynaldo Chirino-Blanco

El Cooperativismo ¿Una alternativa al Capitalismo?

La tabla que aparece a continuación nos muestra la proporción promedio que tiene el gasto de salario en los costos de producción según el tipo de industria.

Tabla 1 Distribución % promedio de los componentes del costo de producción en USA - Census Bureau, 2009

Capital productivo	Manufacturas	Servicios
A. Salarios	15% - 30%	30% – 55%
B. Materias primas	70% - 85%	45% – 70%
C. Energía		
D. Agua		
E. Mantenimiento		
F. Transporte		
G. Almacenamiento		
H. Otros gastos		

Como se puede observar, la proporción del salario en el costo total es bastante apreciable, especialmente en el caso del área de servicio (ciencias, tecnologías, etc.) mientras que los gastos directos son los más importantes en el caso de las manufacturas.

Costos de Producción (CP) =	$\sum (A : H) = 100\%$ **(tomado de la tabla anterior)** Sumatoria de todos los gastos incurridos en el proceso productivo.
Margen de Ganancia (MG) =	Desde un 10% (en Supermercados), 100% en las tiendas por departamentos, hasta un 1000% (en joyerías) del Costo de Producción de la mercancía.

Licenciado Reynaldo Chirino-Blanco

El Cooperativismo ¿Una alternativa al Capitalismo?

PRECIO (P) =	CP + MG

El margen de ganancia (MG) es la porción del precio que el capitalista asume como recompensa por el riego asumido.

La ya mencionada doble dependencia de los trabajadores con respecto a las mercancías (productor-consumidor) crea la paradoja de que si exigen y logran un aumento de salario para hacer frente al alza del "costos de la vida" (inflación) esto inmediatamente desata una reacción en cadena que repercute en los costos de producción y eleva el precio de los productos que el trabajador necesita comprar.

Al final del día, esta reacción del mercado hace que el poder adquisitivo del salario se mantenga igual o incluso puede llegar a reducirse y terminar peor de cómo estaban antes debido a que no hay forma de controlar los precios en una economía de mercado.

Además de su incidencia en los costos de las mercancías, los precios y su influencia en el comportamiento del mercado, con el pago de un salario estable el capitalista remueve todo vínculo posible entre los trabajadores y las ganancias que estos obtienen. El capitalista es el único que asume el riesgo de perder lo invertido, pero también es el único que disfruta de las ganancias obtenidas.

Psicológicamente el trabajador pierde todo interés fuera de los que no sea el trabajo para el cual lo contrataron. Cualquier otra cosa que el capitalista quiera que el trabajador haga debe lograrlo a través de estímulos monetarios o coerción (amenazando su estabilidad laboral).

¿Cómo podemos eliminar esta dependencia económica entre los trabajadores y sus patrones?

Licenciado Reynaldo Chirino-Blanco

El Cooperativismo ¿Una alternativa al Capitalismo?

¿De qué forma pudiéramos organizar el proceso productivo para romper este ciclo de dependencia, de coerción y explotación?

En fin ¿**de qué forma podremos eliminar estas anomalías y ayudar a balancear el equilibrio del Sistema y que sus componentes alcances su nivel óptimo de satisfacción**?

Estas son preguntas que ni el Marxismo puro ni "vulgar", ni el estalinismo ruso ni cubano, sin olvidar a China ni a Corea del Norte y mucho menos el "Socialismo del siglo XXI" latinoamericano han sabido responder.

Modo de Producción Estalinista (Socialismo)

Para eliminar la explotación capitalista, La tesis marxista plantea que es necesario arrebatarle los medios de producción a la burguesía y ponerlos al "servicios" de los trabajadores.

Marx, Lenin y Stalin, asumen que con la instauración de la Dictadura del Proletariado y la Planificación Centralizada de la economía era suficiente para lograr la "democratización" de la sociedad y el desarrollo económico del país, pero, en ningún momento proponen un verdadero **NUEVO** modelo económico, uno que desarrolle nuevas formas de producción y que sea producto de la transformación del viejo régimen hacia uno totalmente nuevo. En el fondo, solo conciben un cambio de "dueño", es decir, eliminar al capitalista y sustituirlo por la Burocracia Estatal bajo el control del partido comunista.

Los 27 mil franceses ejecutados durante EL Reino del Terror del jacobino Robespierre (recordar la influencia jacobina en la formación de Marx), los casi 20 millones de víctimas en los campos de concentración siberianos de Stalin, los casi 10 millones de asesinados durante la Revolución Cultural de Mao en China y las decenas de miles de víctimas en otros procesos "revolucionarios" alrededor de todo el mundo es un poderoso recordatorio de por qué esta estrategia es absurda. Si a esto le agregamos los encarcelados, los reprimidos y los desplazados; la cifra puede llegar fácilmente a decenas de millones de personas que han sufrido violencia bajo las premisas equivocadas del régimen "socialista".

El Cooperativismo ¿Una alternativa al Capitalismo?

La Historia demostró cuan equivocados estaban. Ninguno de ellos concibió la necesidad de eliminar, DE LA ECUACIÓN PRODUCTIVA, el proceso que sustenta el modo de explotación capitalista y que aun en las llamadas economías "socialistas" se continuó aplicando: la compraventa de la Fuerza de Trabajo.

La retórica "revolucionaria", para justificar sus acciones, plantea que en el sistema Socialista no existe explotación porque el trabajo dejó de ser mercancía debido a que "los Medios de Producción son propiedad de los trabajadores".

Todos sabemos que eso no es cierto, sabemos que no existe ninguna participación real de los trabajadores en las tomas de decisiones ni en la colocación de los recursos generados por cada entidad. Sabemos que esa supuesta participación obrera es solo **Nominal** y que solo el Partido Comunista tiene la última palabra en las decisiones que se toman en cada Centro de Trabajo.

Como pueden observar en el gráfico de la figura 5, el esquema del sistema socialista es idéntico, económicamente hablando, al del sistema capitalista, por lo que, en ese sistema, a pesar de que el trabajo supuestamente deja de ser una mercancía, continua la explotación del trabajador.

Licenciado Reynaldo Chirino-Blanco

El

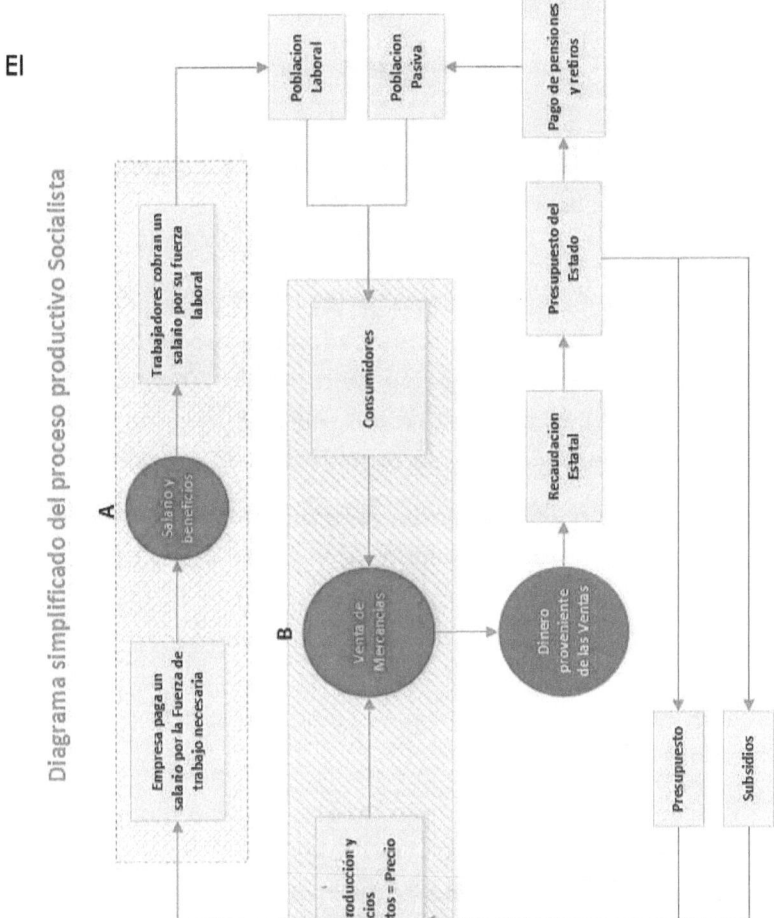

Figure 5 Modelo simplificado del Modelo Socialista de Producción

¿Cómo entonces podemos imponer los cambios que se necesitan sin derramamiento de sangre ni traumáticas conmociones sociales?

Licenciado Reynaldo Chirino-Blanco

El Cooperativismo ¿Una alternativa al Capitalismo?

Nuevo Modo de Producción:
Las Cooperativas.

La única forma en que los actuales trabajadores asalariados tendrían un papel importante en la nueva sociedad es que se transformen en un nuevo tipo de productor, (no más trabajadores asalariados), es decir, se conviertan en dueños de sus propios medios de producción y se organicen para producir para sí mismos.

Si se les da a los trabajadores la posibilidad de ser dueños de sus propias empresas asumiendo los mismos riesgos que los capitalistas asumen al invertir sus propios recursos en la compañía y que participen en las decisiones más importantes y por ende accediendo a las ganancias obtenidas de la venta de su trabajo, entonces habremos identificado el nuevo modo de producción que tanto hemos buscado.

Recordemos que al principio de este trabajo planteamos que una de nuestras premisas fundamentales era la de identificar los componentes que **existen hoy** y que poseen las premisas que nos sirvan para identificar los embriones del próximo Modo de Producción.

¿Qué modelo de negocio existe **actualmente** que no tiene ni patrones ni empleados como componentes esenciales de su proceso productivo? ¿Qué modelo de negocio les ofrece a los trabajadores un ambiente sano, beneficios laborales, democracia participativa real e independencia financiera?

El Cooperativismo ¿Una alternativa al Capitalismo?

Diagrama simplificado del modelo productivo Cooperativista

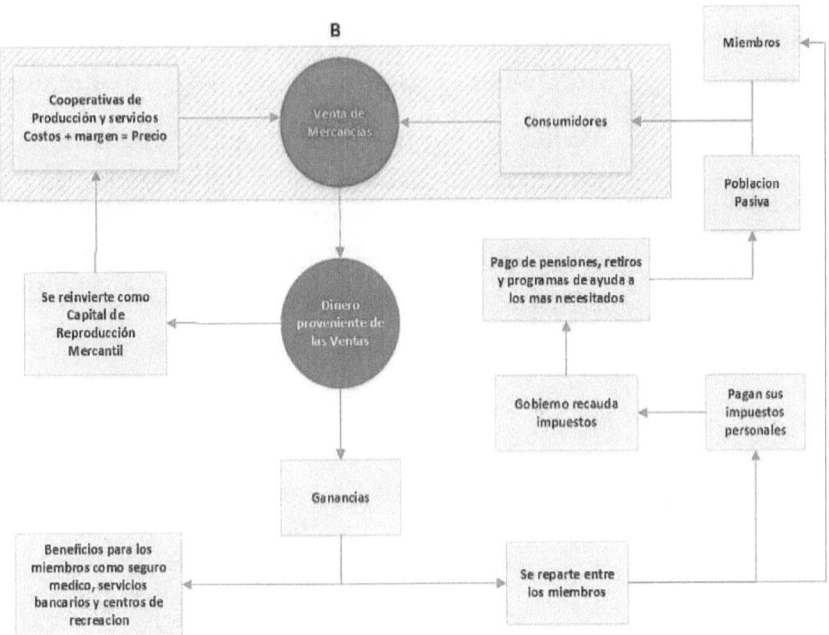

Figure 6 Modelo simplificado del Modo Cooperativista de Producción

Si los trabajadores se reúnen y crean su propia entidad productiva, si aportan parte de los recursos necesarios, si comparten las responsabilidades y los riesgos que una empresa de este tipo conlleva, entonces podrán también recibir por igual las ganancias y beneficios obtenidos en este proceso.

El modelo de negocio actual que cumple con todos estos requisitos es el modelo **COOPERATIVISTA** y según todo lo que hemos analizado hasta aquí sería la solución ideal para resolver los problemas que sufren los trabajadores actualmente, es un modelo del que existen pruebas contundentes de que es una propuesta

El Cooperativismo ¿Una alternativa al Capitalismo?

exitosa, pero, paradójicamente, poco divulgada e incluso menospreciada por muchos, incluyendo K. Marx y sus seguidores.

Modo de Producción	Clase Dominante	Relación entre clases	Clase Explotada
Cooperativismo	No hay, todos los miembros son dueños	Todos los miembros **comparten** las responsabilidades	No hay, todos los miembros son trabajadores

El Cooperativismo ¿Una alternativa al Capitalismo?

Valores y Principios Cooperativistas

Los cooperativistas se guían por valores y principios éticos que son la base doctrinaria del cooperativismo.

Valores

Las cooperativas se basan en los valores de ayuda mutua, responsabilidad, democracia, igualdad, equidad y solidaridad. Los miembros de las cooperativas creen en los valores éticos de honestidad, transparencia, responsabilidad y preocupación por los demás.

Principios Éticos

Los principios cooperativos son lineamientos por medio de los cuales las cooperativas ponen en práctica sus valores. Actualmente los principios son siete.

El Cooperativismo ¿Una alternativa al Capitalismo?

Primer principio: Libre Adhesión
Las cooperativas son organizaciones voluntarias, abiertas para todas aquellas personas dispuestas a utilizar sus servicios y dispuestas a aceptar las responsabilidades que conlleva la condición de socios, sin discriminación de género, raza, clase social, posición política o religiosa.

Segundo principio: Control democrático de los Socios
Las cooperativas son organizaciones democráticas controladas por sus socios, quienes participan activamente en la definición de las políticas y en la toma de decisiones. Los hombres y mujeres elegidos para representar a su cooperativa responden ante los socios. En las cooperativas de base, los socios tienen igual derecho de voto (un socio, un voto), mientras en las cooperativas de otros niveles también se organizan con procedimientos democráticos.

Tercer principio: Participación económica de los Socios
Los socios contribuyen de manera equitativa y controlan de manera democrática el capital de la cooperativa. Usualmente reciben una compensación limitada, si es que hay, sobre el capital suscripto, como condición de socio. Los socios asignan excedentes para cualquiera o todos los siguientes propósitos: el desarrollo de la cooperativa, mediante la posible creación de reservas, de las cuales al menos una parte debe ser indivisible; los beneficios para los socios en proporción con sus transacciones con la cooperativa; y el apoyo a otras actividades, según lo aprueben los socios.

Cuarto principio: Autonomía e Independencia
Las cooperativas son organizaciones autónomas de ayuda mutua controladas por sus socios. Si entran en acuerdos con otras organizaciones (incluyendo gobiernos) o tienen capital de fuentes externas, lo realizan en términos que aseguren el control

Licenciado Reynaldo Chirino-Blanco

El Cooperativismo ¿Una alternativa al Capitalismo?

democrático por parte de sus socios y mantengan la autonomía de la cooperativa.

Quinto principio: Educación, entrenamiento e información.

Las cooperativas brindan educación y entrenamiento a sus socios, a sus dirigentes electos, gerentes y empleados, de tal forma que contribuyan eficazmente al desarrollo de sus cooperativas. Las cooperativas informan al público en general, particularmente a los jóvenes y creadores de opinión acerca de la naturaleza y beneficios del cooperativismo.

Sexto principio: Cooperación entre Cooperativas

Las cooperativas sirven a sus socios más eficazmente y fortalecen el movimiento cooperativo, trabajando de manera conjunta por medio de estructuras locales, nacionales, regionales e internacionales.

Séptimo principio: Compromiso con la comunidad

La cooperativa trabaja para el desarrollo sostenible de su comunidad por medio de políticas aceptadas por sus socios. Al mismo tiempo que se centran en las necesidades y los deseos de los socios, las cooperativas trabajan para conseguir el desarrollo sostenible de las comunidades, según los criterios aprobados por los socios.

El Cooperativismo ¿Una alternativa al Capitalismo?

Ventajas socioeconómicas del Modelo Cooperativista:

1. Condiciones de trabajo adecuadas y en función de los trabajadores
2. Alta productividad laboral
3. Los ingresos están vinculados a las ganancias
4. Ingresos más altos que el del promedio salarial nacional
5. Democracia participativa (todas las decisiones son aprobados por todos los miembros)
6. Más y mejores beneficios
7. Compensaciones de Seguridad Social más elevada que la media nacional
8. Control colectivo y responsabilidad individual
9. Desarrollo de conductas solidarias y de cooperación entre los miembros
10. Cultura de protección del Medio Ambiente y de desarrollo sostenible
11. Menor dependencia externa, especialmente del Estado
12. Incremento de la estabilidad de la fuerza laboral
13. Eliminación de la pobreza material
14. Reducción de los costos de producción
15. Exención de impuestos corporativos

Podemos resumir que los miembros de una cooperativa reciben todo lo que necesitan para tener una vida feliz y productiva.

El Cooperativismo ¿Una alternativa al Capitalismo?

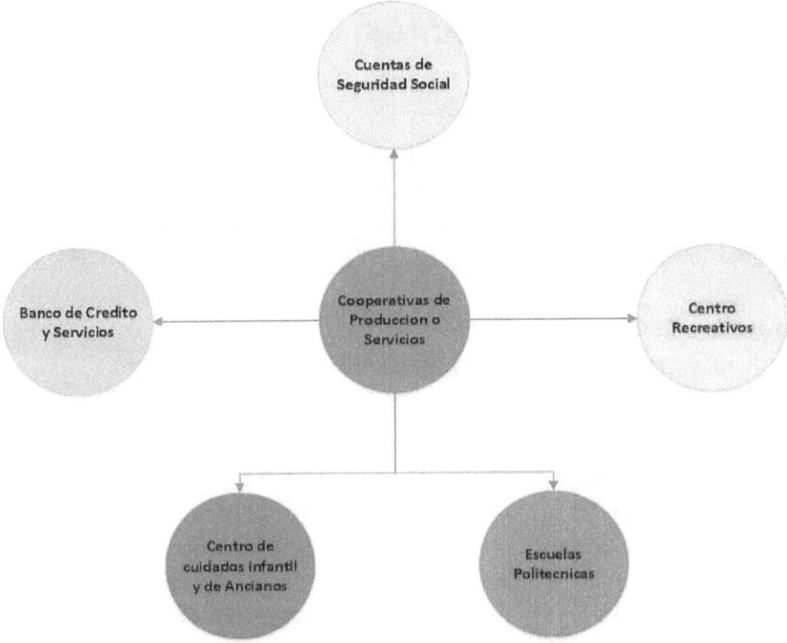

Figure 7 Beneficios de pertenecer a una Federación de Cooperativas

El Cooperativismo ¿Una alternativa al Capitalismo?

Impedimentos y Trabas.

En un estudio realizado por el Profesor Erick K. Olsen de la Universidad de Missouri Kansas City sobre la viabilidad de las cooperativas de trabajadores, concluyó que su escasez en los Estados Unidos se debe a obstáculos en su creación, no a su supervivencia.

El informe identificó lo siguiente como las principales razones por las que las empresas de arranque raramente se forman como cooperativas de trabajadores:

- Los trabajadores deben asumir el riesgo de altos costos si la empresa falla, ya que en la mayoría de los casos deben hacer una contribución inicial a la empresa. Además de perder sus empleos, también perderían esta inversión. Este riesgo de pérdida puede hacer que tomar un trabajo en un negocio convencional sea más atractivo.

- Estas entidades generalmente tienen acceso limitado al crédito y carecen de garantías. Las cooperativas no suelen ofrecer control a los inversores externos y dependen en gran medida de los préstamos blandos, que pueden ser difíciles de lograr, o su propia limitadas contribuciones.

- Los costos iniciales pueden ser distribuidos de forma desigual, y los fundadores de la cooperativa pueden no ver un beneficio material por los riesgos que tomaron al iniciar el negocio.

Hillary Abell, cofundadora del proyecto Equity, ha encontrado las siguientes barreras que dificultan el desarrollo de las cooperativas de trabajadores en Estados Unidos:

El Cooperativismo ¿Una alternativa al Capitalismo?

- **Cultura y educación:** la competencia y el capitalismo convencional siguen siendo la cultura dominante en los Estados Unidos
- **Experiencia en el negocio:** los trabajadores carecen de experiencias de gestión empresarial y los sin fines de lucro carecen de experiencia incubando nuevos negocios.
- **Alianzas:** los socios mal equipados o la retirada prematura del apoyo organizacional a menudo inhiben el desarrollo cooperativo.
- **Financiación:** la falta de financiación inicial y de capital es una barrera clave para las cooperativas
- **Gestión y liderazgo:** las cooperativas requieren una gestión más participativa e igualitaria que pueda ser difícil de cultivar
- **Emprendimiento:** los tipos de personalidad y las habilidades empresariales tradicionales pueden no ser aptos para la forma cooperativa de negocio
- **Democracia organizacional:** las cooperativas necesitan desarrollar procesos para la toma de decisiones democráticas, así como capacitación en facilitación, colaboración y gestión de conflictos.

Las conversiones a cooperativas de las empresas existentes pudieran evitar muchos de las dificultades que enfrentan aquellos que intentan iniciar una cooperativa desde cero. Por ejemplo, Olsen observó que la hipoteca de un negocio existente puede ser usada como garantía para financiar la compra al propietario original, los bancos no deberían de tener ningún problema con esto porque estos negocios establecidos tienen menos probabilidades de fallar.

Por otro lado, los incentivos tributarios que han ayudado a crear numerosas Planes de "Propiedad de Acciones para Empleados" (ESOP en inglés) no se han aplicado a casi ninguna cooperativa de trabajadores, a pesar de que existen los mismos incentivos para estas conversiones, es inconcebible que, a pesar de estas ventajas, las conversiones de cooperativas son muy raras en los Estados Unidos.

Se necesita una mayor concientización pública y más apoyo financiero para la conversión de las empresas existentes en cooperativas de trabajadores, es evidente que esta estrategia es la que tiene mayores oportunidades de éxito.

El Cooperativismo ¿Una alternativa al Capitalismo?

Una proyección hacia el Futuro.

En lo económico: 2.6 millones de cooperativas están presentes en más de 145 países alrededor de todo el planeta, emplean un poco más del 10% de la población mundial y más de 1 mil millones de personas están relacionadas con ellas ya sea como consumidores o como productores, pero el caso es que, con ingresos de más de 2 mil millones de dólares, es un fenómeno de alcance mundial.

No solo este modelo económico ha impactado la economía mundial cuantitativamente sino también cualitativamente aumentando notablemente el nivel de vida de millones de personas, también ha logrado palear uno de los efectos más devastadores del sistema capitalista: las crisis económicas.

Las cooperativas han demostrado ser más estable y resistentes a este flagelo que cualquier otro modelo. Por ejemplo, en Canadá, las cooperativas tienen un índice de sobrevivencia después de 5 años de 66% comparado con el 39% en las corporaciones y es del doble en 10 años. En Inglaterra es de 80% contra 44% y en Francia es de 82% contra 50%.

Numerosos estudios han demostrado que son más exitosas, productivas, estables y sostenibles que el modelo corporativo. Ya no es obtener el máximo de ganancias posibles lo más importante sino resolver los problemas de la comunidad y elevar su nivel de vida.

Esto no quiere decir que las corporaciones desaparecerán, seguirán existiendo mientras las condiciones que les dan vida se mantengan. A medida que el Cooperativismo se expanda y se afiance, la competencia entre ambos modelos determinara el ganador. Esto es un proceso evolutivo que solo es posible sin imposiciones políticas.

Licenciado Reynaldo Chirino-Blanco

El Cooperativismo ¿Una alternativa al Capitalismo?

En la Economía Solidaria continúan aplicándose normalmente la "Ley de Oferta y Demanda" y otras leyes económicas actuales.

Solo desaparece la clasificación de patrones y trabajadores.

En lo Financiero: Con la ampliación de la economía solidaria, el sector capitalista irá reduciéndose proporcionalmente pero no desaparecerá completamente por lo que el sector financiero seguirá sirviendo a este parte de la economía, sin embargo, las necesidades de capitales usureros con altas tasas de intereses se reducirán poco a poco debido a la competencia con las cooperativas crediticias.

En lo Social: Crea las bases para un cambio social y político radical ampliando el ejercicio de la democracia a todos los miembros de la cooperativa bajo el principio de "un miembro, un voto."

La cultura empresarial es uno de los factores que inciden en la formación del carácter de las nuevas generaciones junto a la influencia de la escuela y la familia. Si el ambiente de trabajo deja de ser tan utilitario, competitivo y hostil y no existen fuerte tensiones entre miembros del colectivo es obvio que se formará una cultura franca y abierta, solo interesada en los problemas de la comunidad y de sus miembros.

La Seguridad Social seguirá subvencionándose con los aportes de cada trabajador y seguirá siendo una tarea del Estado, pero en el caso de los cooperativistas, estos también aportaran a su SS a través de las pensiones creadas en sus respectivos Bancos Crediticios.

En lo político: la única influencia política que el cooperativismo necesita actualmente es la promulgación de leyes que faciliten la formación, expansión, protección y financiamiento de estas.

Licenciado Reynaldo Chirino-Blanco

El Cooperativismo ¿Una alternativa al Capitalismo?

La influencia de la política se reduciría al mínimo al no existir la necesidad de grupos de cabildeo.

La competencia económica no necesitará de influencias políticas puestos que todas las cooperativas funcionan bajo los mismos principios de camaradería y apoyo mutuo.

Los partidos políticos dejarían de inmiscuirse en los asuntos económicos pudiendo el mercado funcionar sin interferencias externas solo con la injerencia mínima necesaria del estado.

Características actuales del Movimiento Cooperativista

A pesar de que es responsabilidad y derecho de los miembros de crear sus cooperativas según sus propios criterios, el modelo de cooperativa que hemos propuesto tiene que cumplir con el Principio Universal de **NO EXPLOTAR EL TRABAJO DE LOS PRODUCTORES** y para ello deben cumplir con los siguientes requisitos:

1. **Los miembros activos tienen que trabajar en la Cooperativa**: no puede delegarse ni subarrendar el puesto de trabajo de un miembro porque se perdería el principio de que el trabajador trabaja para sí y para la comunidad y además convertiría a ese miembro en "inversionista" y por lo tanto restablecer la explotación capitalista.
2. **No contratar a trabajadores asalariados.** Esto sería lo mismo que permitir nuevamente la esclavitud o la servidumbre. Cualquier trabajo que la cooperativa necesite puede subcontratarlo a otra cooperativa o individuo.
3. **No emitir ni vender acciones**: la cooperativa pertenece por entero a sus miembros y sus ganancias solo se repartirán entre ellos.
4. **La democracia interna siempre será participativa**: independientemente de la existencia de un Consejo Directivo y sin importar la cantidad de miembros que la cooperativa tenga, la toma de decisiones sobre temas importantes SIEMPRE será mediante el voto directo de todos sus miembros. Si el número de miembros es muy alto entonces la votación se hará por área de trabajo, taller o departamento.
5. **La aprobación de las decisiones tiene que ser clara y contundente**: las propuestas tienen que presentarse de forma

El Cooperativismo ¿Una alternativa al Capitalismo?

clara y sin ambigüedades para que todos los miembros las entiendan bien y su aprobación debe ser contundente con no menos del 60% de los miembros, estén estos presentes o no.

6. **No usar financiamiento que exija un retorno mayor que el que le corresponde a cada socio**: la parte correspondiente al pago del financiamiento NO debe violar el principio de equidad de repartición de las ganancias entre los miembros y en este caso NO debe de exceder los ingresos promedio de los miembros.
7. **No utilizar capitales que exijan, a cambio, parte de la empresa**: esto se refiere a no usar aquellos capitales que se ofrecen a cambio de los recursos obtenidos por la venta de parte del funcionamiento de la empresa como las cuentas corrientes o el inventario.
8. **No depender de ninguna entidad o persona externa**: este principio resume parte de lo explicado anteriormente.

Esta no es una lista completa de los principios necesarios a tener presente para que estas entidades económicas cumplan con el principio universal que mencionamos al principio.

Es cierto que, de una forma u otra, ya estos principios están implícitamente definidos e implementado en el actual movimiento cooperativista pero creemos oportuno enfatizar en estos principios porque a medida que este modelo se extienda y su influencia en la vida económica y social de un país sea más fuerte, es fácil perder de vista el objetivo principal de este movimiento que no es otro que el de crear un nuevo modelo productivo basada en principios humanistas de cooperación, solidaridad y hermandad.

Habrá quienes querrán forzar esta transición, pero eso dañaría irreparablemente el principio de **voluntariedad** que es el pilar fundamental de este Movimiento. Es sumamente importante recordar

El Cooperativismo ¿Una alternativa al Capitalismo?

que este movimiento *no puede ser dirigido por nadie y mucho menos por partidos políticos ni ideologías.*

Mi propuesta para la izquierda es que, si realmente están interesados en el bienestar de los trabajadores y de los humildes, entonces **AYUDEN** a promover esta propuesta como una solución a los problemas que el capitalismo genera.

No es necesario que ninguna ideología o partido político asuma la actitud paternalista y arrogante de querer dirigir este proceso, porque ya lo hicieron en el pasado y todos sabemos muy bien como eso término.

La creación forzosa de cooperativas en los países socialistas, particularmente en la URSS y Cuba, creó más problemas que los que solucionó.

Licenciado Reynaldo Chirino-Blanco

El Cooperativismo ¿Una alternativa al Capitalismo?

El Cooperativismo y La Izquierda

Ha medida que profundizaba en el estudio de este tema, entendía menos de por qué los movimientos de Izquierda han subestimado, y en el mejor de los casos, han ignorado el enorme potencial del modelo Cooperativista como vía para liberar a los trabajadores de la explotación capitalista. Es algo que me dejó realmente perplejo

A continuación, les mostrare algunos artículos que encontré en varios sitios web de autores y organizaciones que se consideran de izquierda y que muestran la ignorancia, o quizás la falta de visión, que estos autores tienen sobre la enorme importancia que estas entidades tienen para la liberación de los trabajadores de la explotación capitalista.

Uno de estos artículos se titula <u>un mar de capitalismo</u> de Giannina Torres y que fue publicado en Abril de 2009 en el sitio web "<u>La Izquierda Socialista</u>" en uno de sus párrafos dice:

"Si bien es cierto que las cooperativas demostraron desde el siglo XIX que los trabajadores pueden dirigir una industria sin empresarios, también demostraron que es **imposible** establecer islas de socialismo en un mar de capitalismo. Es decir, por exitosa que sea una cooperativa, por mucho que los trabajadores que la componen se esfuercen para lograr sacar adelante la producción en cuestión<u>, **jamás podrán detener**</u> el crecimiento y boicot de los monopolios capitalistas y <u>**jamás lograran emancipar**</u> al proletariado. Muchas de las cooperativas **terminan administrándose en líneas capitalistas** porque están obligadas a funcionar en condiciones del mercado. Se desarrolla en **los dirigentes de estas fábricas una tendencia inevitable a elevarse por encima de la plantilla**, a adquirir privilegios y a corromperse."

* * * * *

Licenciado Reynaldo Chirino-Blanco

El Cooperativismo ¿Una alternativa al Capitalismo?

En el sitio de "Fomento del Cooperativismo" se publicó un artículo titulado ¿Que dicen sobre las cooperativas los partidos políticos? Donde se destaca la poca importancia que los Partidos Españoles le están prestando a este movimiento.

"En España los Partidos Políticos, especialmente los de Izquierda no han tenido muy en cuenta la verdadera importancia que estas entidades representan

PP y Ciudadanos *han "olvidado" a un segmento cada vez más en auge, mientras que es la izquierda quienes han desarrollado propuestas para ellos.*

PSOE *aboga por reformas que logren un mayor reconocimiento y crecimiento de las cooperativas, mientras que Unidad Popular (Izquierda Unida) busca modificar la Ley de Sociedades y la Ley de Cooperativas para cambiar, entre otros asuntos, la cantidad de socios mínima, reduciendo de 5 a 3 para que la creación de una cooperativa sea más sencilla.*

Por su parte, **"Podemos"** *promete un plan de ayudas para este tipo de asociaciones"*

* * * * *

Otro artículo interesante se publicó en el sitio web "Letras Libres" llamado "Ideas para la izquierda" escrito por Humberto Beck el 31 de Mayo de 2008.

"...el fin de la Unión Soviética y el descrédito de las economías centralizadas han despertado desde hace algunos años la inquietud por experimentar con nuevas formas de organización económica. Esta búsqueda de alternativas en los sistemas de producción ha llevado al florecimiento, en diversos países del mundo, de un modelo conocido como economía solidaria, compuesta por aquellas compañías que practican los principios de la autogestión. En esencia, **la economía**

Licenciado Reynaldo Chirino-Blanco

El Cooperativismo ¿Una alternativa al Capitalismo?

solidaria consiste en la recuperación del proyecto cooperativista, una tradición de izquierda que, como el anarquismo, ha sido eclipsada a lo largo de casi dos siglos por el socialismo dominante. Basadas en la posesión colectiva y la asociación económica entre iguales, **las cooperativas** rechazan la separación convencional entre trabajo y capital: en ellas los medios de producción son propiedad de los trabajadores."

"…desde un punto de vista progresista, **las cooperativas son alternativas de producción** deseables porque se organizan de acuerdo con principios y estructuras **distintas a las del capitalismo.**"

"…La economía solidaria ofrece una perspectiva de desarrollo que, si bien es tan vieja como el capitalismo industrial, en las condiciones políticas actuales aparece como inédita: **la posibilidad de una izquierda empresarial**, no gestionada desde el Estado, sino **nacida del impulso** a la vez cooperativo y emprendedor **de los propios ciudadanos.**"

* * * * *

En otro artículo titulado "Marx, Lenin y las Cooperativas" escrito por Carlos Molina Camacho este describe que"

"…Sabemos que entre las metas trazadas por el movimiento comunista de aquella época estaba la de alcanzar el poder político para, desde allí, iniciar las grandes transformaciones de las cuales sería protagonista principal el proletariado. El socialismo sería una etapa previa a la instauración de la sociedad ideal, la comunista, en donde el Estado desaparecería, al igual que la burguesía, reinaría la libertad, que era el sueño de Marx y de otros ideólogos, entre ellos Proudhon.

El Cooperativismo ¿Una alternativa al Capitalismo?

*Por esa razón, estos grandes reformadores sociales no le dieron al movimiento cooperativo naciente la importancia que realmente tiene, toda vez que había que tomar el poder político como fuere, y **los esfuerzos de organizar cooperativas distraían al proletariado de esa su principal tarea.**"*

*"... También extraña que el finado Presidente Chávez afirmó que **el cooperativismo no garantiza la marcha hacia el socialismo**. ¡Nada! No lo garantiza, más bien se puede confundir al pueblo...Una cooperativa capitalista (¿?) termina siendo igual, un patrón, unos asalariados, y luego la plusvalía, la ganancia y toda la producción se convierte en mercancía. ¡Capitalismo puro!"*

* * * * *

Por último, les presento extractos del Manifiesto Inaugural de la Asociación Internacional de los Trabajadores que escrito por C. Marx entre el 21 y el 27 de octubre de 1864 y que dicen lo siguiente:

"Nos referimos al movimiento cooperativo, y, sobre todo, a las fábricas cooperativas creadas, ...Es imposible exagerar la importancia de estos grandes experimentos sociales que han mostrado con hechos, no con simples argumentos, que la producción en gran escala y al nivel de las exigencias de la ciencia moderna, puede prescindir de la clase de los patronos, que utiliza el trabajo de la clase de las «manos»; han mostrado también que no es necesario a la producción que los instrumentos de trabajo estén monopolizados como instrumentos de dominación y de explotación contra el trabajador mismo; y han mostrado, por fin, que lo mismo que el trabajo esclavo, lo mismo que el trabajo siervo, el trabajo asalariado no es sino una forma transitoria inferior, destinada a desaparecer ante el trabajo asociado que cumple su tarea con gusto, entusiasmo y alegría..."

Licenciado Reynaldo Chirino-Blanco

El Cooperativismo ¿Una alternativa al Capitalismo?

"...Al mismo tiempo, la experiencia del período comprendido entre 1848 y 1864 **ha probado hasta la evidencia** que, por excelente que sea en principio, por útil que se muestre **en la práctica, el trabajo cooperativo**, limitado estrechamente a los esfuerzos accidentales y particulares de los obreros, **no podrá detener jamás el crecimiento en progresión geométrica del monopolio, ni emancipar a las masas, ni aliviar siquiera un poco la carga de sus miserias**. Este es, quizá, el verdadero motivo que ha decidido a algunos aristócratas bien intencionados, a filantrópicos charlatanes burgueses y hasta a economistas agudos, a **colmar de repente de elogios nauseabundos al sistema cooperativo**, que en vano habían tratado de sofocar en germen, ridiculizándolo como una utopía de soñadores o estigmatizándolo como un sacrilegio socialista. **Para emancipar a las masas trabajadoras, la cooperación debe alcanzar un desarrollo nacional y, por consecuencia, ser fomentada por medios nacionales.** Pero los señores de la tierra y los señores del capital se valdrán siempre de sus privilegios políticos para defender y perpetuar sus monopolios económicos. Muy lejos de contribuir a la emancipación del trabajo, continuarán oponiéndole todos los obstáculos posibles..."

"...La conquista del poder político ha venido a ser, por lo tanto, el gran deber de la clase obrera..."

* * * * *

Este otro artículo es muy interesante para mí porque es el único artículo que encontré que trata las mismas ideas que propongo en este folleto y dicho trabajo se titula "*Prosperidad y democracia económica: La solución de las cooperativas de trabajadores*" escrito por **Richard D. Wolff**, Profesor emérito de economía en la universidad de Massachusetts el 2014/04/09

Licenciado Reynaldo Chirino-Blanco

El Cooperativismo ¿Una alternativa al Capitalismo?

"...En este punto entra en escena el concepto de **las cooperativas de producción o cooperativas de trabajo asociado,** o aún mejor, el término poco adecuado, pero más específico: empresas autodirigidas por los trabajadores (**WSDE**). Esta idea, que tiene siglos de antigüedad, ha sido reavivada, rediseñada y aplicada **para que vaya más allá del socialismo tradicional.** El resultado es una nueva visión de un capitalismo alternativo **que podría ayudar a movilizar a una nueva izquierda.**

Las **WSDE** reemplazan las empresas capitalistas jerárquicas (organizadas de arriba hacia abajo y dirigidas por sus accionistas principales y las juntas directivas que éstas escogen) por empresas democráticas dirigidas por todos sus trabajadores. Éstas últimas toman **colectiva y democráticamente** todas las decisiones sobre qué, cómo y dónde se produce. Y lo que es más importante, deciden cómo usar los ingresos netos de la empresa.

La dependencia de los gobiernos (a nivel municipal, regional y nacional) del pago de impuestos por parte de las empresas se convierte, por lo tanto, en una dependencia hacia las personas, como trabajadores. Ya no se usarán los impuestos ni ninguna otra distribución de ingresos netos para moldear las políticas gubernamentales en beneficio de intereses no comunes (capitalistas dentro de las empresas) y en contra de los trabajadores o los ciudadanos.

"...Las consecuencias políticas de las decisiones empresariales, igual que las consecuencias empresariales de las decisiones políticas, requerirían que la toma de decisiones en ambas áreas sociales (la empresa y la comunidad residente) fuera mutuamente respetuosa e interdependiente. La democracia basada en las **empresas de autogestión,** junto con la democracia basada en la comunidad

El Cooperativismo ¿Una alternativa al Capitalismo?

residente, el espectro completo de las decisiones sociales, incluyendo las funciones y políticas de cualquier sistema político.

En este contexto, la *transformación de las empresas capitalistas en WSDE cambiaría radicalmente los lugares de trabajo, las comunidades residenciales y, por consiguiente, la vida de prácticamente de todo el mundo. Podría realizar el cambio sistémico que se proponía el socialismo tradicional, pero que nunca lograron: una alternativa viable y atractiva que sea preferible al capitalismo.* Ello ofrece a la izquierda un medio para superar sus frustraciones y un epicentro alrededor del cual reagruparse y existir mientras construyen nuevos movimientos y organizaciones."

* * * * *

Del análisis de todos estos artículos podemos afirmar que no existe una conciencia clara entre los movimientos y partidos de izquierda ni entre los trabajadores en particular sobre la importancia estratégica que tiene el movimiento Cooperativista para lograr la emancipación de los trabajadores de la explotación capitalista. El auge que ha tenido esta forma de producción en los últimos 30 años desmiente completamente la opinión que Marx escribió en su el Manifiesto cuando el movimiento cooperativista estaba empezando, pero la experiencia de más de 150 años de práctica diaria e internacional echan por tierra cualquiera duda que pueda existir sobre su eficacia y estabilidad política y económica.

La aplicación adecuada de los principios Cooperativistas dependerá de las decisiones que sus miembros tomen en su implementación y nadie duda de que este proceso llevará, como toda experiencia social, un largo tiempo de aprendizaje porque solo cometiendo errores se aprende a hacer una obra maestra.

Licenciado Reynaldo Chirino-Blanco

El Cooperativismo ¿Una alternativa al Capitalismo?

El Cooperativismo y la Izquierda latinoamericana

Tras todo estos análisis y testimonios hay una pregunta que no deja de incomodarme porque no le encuentro una respuesta clara:

¿Por qué la izquierda ignora esta realidad y actúa de esta forma?

¿es por puro desconocimiento, simple subestimación o por taimada malicia?

Puedo entender que las dos primeras causas sean posibles, pero es la última causa la que más posible me parece.

De convertirse el cooperativismo en el modelo económico principal en la economía de un país ya no sería necesario quien defienda a los trabajadores contra las injusticias del capitalismo, ya no harán falta los partidos políticos tradicionales, ni los sindicatos, ni los "líderes supremos", ni los caudillos que "luchan por defender" a los pueblos, es decir, no sería necesario nada del aparato político, logístico, propagandista y militar que estamos acostumbrados a ver detrás de todos los movimientos marxistas o nacionalistas que han llegado al poder sustentados por las izquierdas.

¡Se les acaba la justificación!

Los casos de Cuba, Venezuela y ahora Nicaragua han demostrado, como la izquierda se aferra al poder con todas sus fuerzas sin importarle el bienestar real de los trabajadores, discriminan a todos aquellos que no son ideológicamente "puros" llamándoles "Traidores" o "Contra-revolucionarios" borrando las diferencias abismales que existen entre Patria, Estado y Gobierno.

Licenciado Reynaldo Chirino-Blanco

El Cooperativismo ¿Una alternativa al Capitalismo?

Es solo a través de las cooperativas que los trabajadores lograran realmente liberarse de la dependencia del Estado y de cualquier otra estructura de poder porque simplemente NO le son necesarios.

Apéndice I - Pensadores, Filósofos y la Doctrina Cooperativas

Teóricos como Raiffeisen, Schulze-Delitzsch, Gide y Fauquet han contribuido a dotar al movimiento de prácticas, principios y valores universales, hasta llegar a los ratificados por la Alianza Cooperativa Internacional (ACI).

Como punto de partida de una visión histórica de la cooperación, es preciso reconocer a los precursores de esta ideología, es decir, aquellas personas que a partir del siglo XVII tanto en las ideas como en las obras, empiezan a precisar las características del sistema cooperativo. Entre los más notables de estos precursores se menciona los siguientes: Peter Cornelius Plockboy; publicó en 1659 el ensayo que comprendía su doctrina y Jhon Bellers (1654-1725), quien en 1695 hizo una exposición sobre doctrinas en el trabajo titulado: "Proposiciones para la Creación de una Asociación de Trabajo de Todas las Industrias Útiles en la Agricultura" el médico William King (1786-1865), y el comerciante Michel Derrion (18021850), precursor del cooperativismo de consumo, Felipe Bauchez (1796-1565) y Luis Blanc(1812-1882), precursores del cooperativismo de producción.

En esta fase precursora del cooperativismo, es necesario destacar de manera especial a dos destacados ideólogos: Roberto Owen (17711858) y Carlos Fourier (1772-1837). Owen el autodidacta, industrial afortunado desde muy joven, innovador en técnica y sistemas sociales, en el furor de la revolución industrial, intentó llevar a la práctica sus ideas organizando las colonias de New Lanark, en su propio país, Inglaterra y la de Nueva Armonía en Estados Unidos(Indiana), la bolsa de trabajo y la instituciones sindicales de alcance nacional. Fourier, francés, el de la concepciones geniales y ambiciosas, rayanas en el desequilibrio, escritor prolijo y confuso a veces, llevó una vida cómoda y no consiguió llevar a cabo aquellos frutos de su pensamiento inquieto y profético.

Aportes de los Utopistas del Cooperativismo

Al interior de todo sistema socio económico, basado en la ayuda mutua y la solidaridad, ha sido una constante la Educación, permitiendo con ello, la formación de la doctrina y la ideología de la cooperación, transformándola con el paso de los años en un principio Fundamental.

Podemos decir, sin temor a equivocarnos, que desde los Pioneros de Rochadle (1848), cuando se constituyó como primer Núcleo Educativo, se comenzó a vislumbrar la educación, como un principio fundamental para las organizaciones de ayuda mutua y Solidaridad.

La cooperación moderna, especialmente la cooperación industrial (Cooperativas de trabajo Asociado), la cual propone transformar la organización económica de la sociedad para establecer un régimen basado sobre las asociaciones de carácter económico al servicio de los intereses de los trabajadores, tiene como fundamento doctrinal a los utopistas que después de la segunda mitad del siglo XV, y hasta mediados del siglo XVII, escribieron algunas novelas sociales en las cuales se hablaba de futuras organizaciones sociales constituidas racionalmente y desprovistas de los defectos de la sociedad actual.

Así es como se conocieron Utopías de Tomás Moro (1478-1535), y la Ciudad del sol de Tomás Campanella (1568 – 1639).

El Cooperativismo ¿Una alternativa al Capitalismo?

Estas Utopías pueden considerarse, por algunos, como elementos de partida, y como el inicio de las concepciones cooperativas, que podemos encontrar entre los pensadores de la época moderna y cuyo dominio exploraron minuciosamente los primeros. Con algunas interpretaciones de estas concepciones que se intuyen por las ideologías principalmente religiosas, de estos utopistas, podemos percibir en sus obras la aspiración de organizar la sociedad en una forma que asegure, la paz, la justicia y el orden económico, por procedimientos de propiedad comunitaria y de trabajo colectivo.

Tomado del documento "Historia del Movimiento Cooperativo" escrito por el Doctor. Carlos Uribe Garzón

Corrientes filosóficas vinculas al origen de las Cooperativas

El cooperativismo precede en mucho a sus teorizaciones. Se ha nutrido de las distintas experiencias que han aportado las múltiples formas de organización y prácticas cooperativistas que se han implementado a lo largo de su evolución.

Podríamos agrupar en tres grandes corrientes las prácticas cooperativas:

La libertaria/mutualista: con origen en Fourier (1772-1837), cuenta durante los siglos XIX y XX con importantes teóricos políticos como Joseph Proudhon (1809-1865) o Piotr Kropotkin (1842-1921) y activistas que reformarán el movimiento cooperativo desde el comunalismo hacia los modernos métodos de gestión, como Fernando Garrido (1823-1881). Esta corriente pondrá el acento en la **consecución de autonomía para la comunidad y las personas a través del mercado,** independiente del estado y del mercado por

El Cooperativismo ¿Una alternativa al Capitalismo?

la agrupación libre (federalismo) de comunidades organizadas cooperativamente en el marco de un desarrollo tecnológico que permite la resolución del problema económico. También llamada «mutualismo», será la corriente inspiradora de la larga experiencia cooperativa ibérica que se ve truncada con el franquismo y el «Estado Novo».

El mutualismo teórico actual se divide fundamentalmente entre el «re-construccionismo histórico» de la corriente norteamericana que no participa del movimiento cooperativo y la corriente formada por comunidades igualitarias y cooperativas que reformulan el cooperativismo con la perspectiva de crear una nueva sociedad.

La socialista: vinculada al movimiento sindical socialdemócrata y algunas ramas nacionalistas del comunismo, miran con **desconfianza hacia el mercado y consideran a las cooperativas desde su relación con el estado**. En sus teorizaciones más radicales como el llamado «socialismo autogestionario yugoslavo», las empresas son entregadas a organizaciones sindicales para su «autogestión», y el estado mismo evita mediante la planificación la competencia generalizada. En otros modelos como el del kibbutz de la izquierda del movimiento sionista, la estructura económica comunitaria se piensa como herramienta de colonización territorial y construcción nacional-estatal a pesar de su autonomía legal.

La cristiana: que nace en el mundo católico con economistas implicados en el desarrollo a gran escala del movimiento cooperativo como Charles Gide (1847-1942) o activistas como el padre José María Arizmendiarrieta (1915-1976), inspirados por las ideas del cristianismo social y la doctrina social de la Iglesia Católica. A pesar de adolecer en muchos casos de objetivos

El Cooperativismo ¿Una alternativa al Capitalismo?

asistencialistas, tendrá una importancia central en el desarrollo del movimiento cooperativo industrial y de consumo en Francia y Bélgica primero y en Mondragón hasta la actualidad.

Anexo II - El Cooperativismo en España

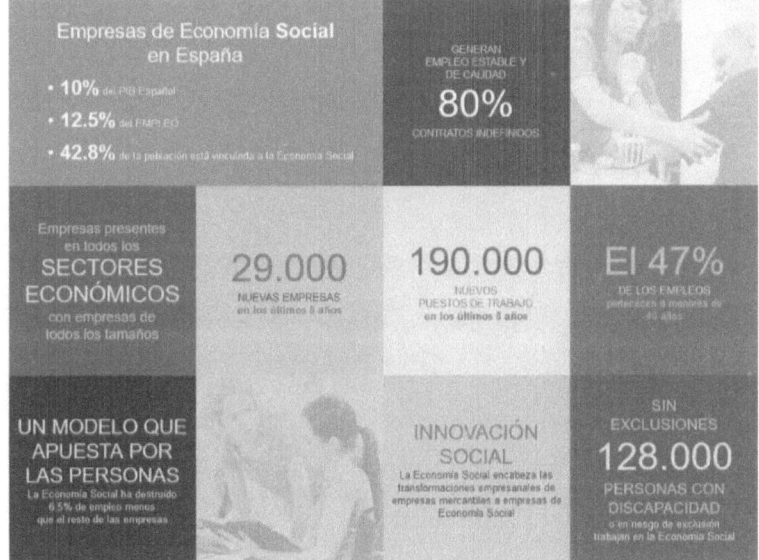

Figure 8 Estadísticas del Cooperativismo en España

Evolución del Cooperativismo en España.

El cooperativismo surge durante la segunda mitad del siglo XIX, cuando la revolución industrial y el capitalismo alcanzan su máximo apogeo, como una alternativa al capitalismo puro, pero sin distorsionar los métodos y procedimientos. Primero aparece como una fórmula para abaratar los costos del consumo familiar, pero pronto es aplicado a las distintas ramas de la actividad económica: agricultura, Industria, construcción, comercialización, etc.

El Cooperativismo ¿Una alternativa al Capitalismo?

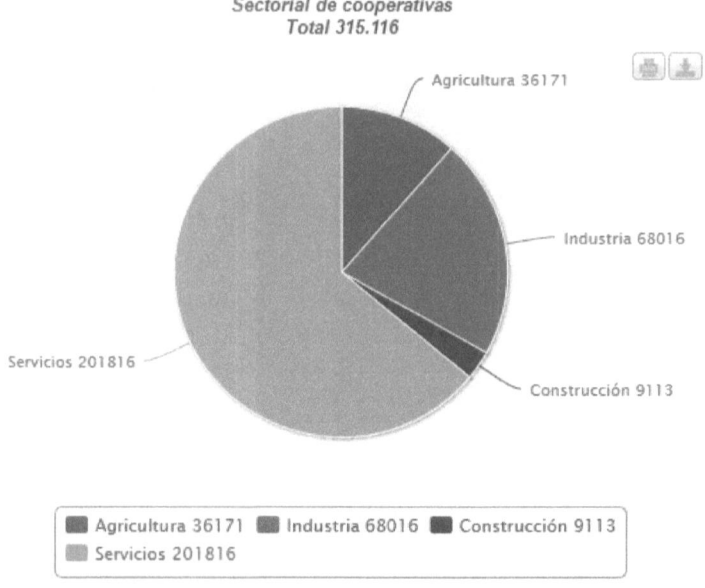

Figure 9 Sectores del Cooperativismo español

En España, la cronología de la evolución del cooperativismo es la siguiente:

1856: constitución de la primera Cooperativa en España.

1870: aparición del Decreto por el que se reconoce la legalidad de las Cooperativas.

1887: publicación de la Ley de Asociaciones que contempla a las Cooperativas de Producción y Consumo.

1906: publicación de la Ley de Sindicatos Agrícolas, gracias a la cual se constituyeron numerosas Cooperativas Agrarias, ya que en ella se les reconoce ventajas de tipo fiscal e incentivos de carácter económico.

El Cooperativismo ¿Una alternativa al Capitalismo?

1931: 1ª Ley de Cooperación.

1942: Nueva Ley de Cooperación.

1971: Nuevo Reglamento que desarrolla la Ley de 1942.

1974: promulgación de la Ley General de Cooperativas.

1978: En el art. 129.2 de la Constitución Española se redacta: "Los poderes públicos promoverán eficazmente las diversas formas de participación de la empresa y fomentarán, mediante una legislación adecuada, las sociedades cooperativas...".

1982: Ley sobre Cooperativas de Euskadi.

1983: Ley de Cooperativas de Cataluña.

1985: Ley de Cooperativas Andaluzas. Ley de Cooperativas de la Comunidad Valenciana.

1987: Ley General de Cooperativas. (Para aquellas Sociedades Cooperativas de ámbito superior a Andalucía. Ejemplo: Área ibérica andaluz-extremeña, hortofrutícola murciano-andaluza, etc.).

1989: Ley Foral de Cooperativas de Navarra.

El Cooperativismo ¿Una alternativa al Capitalismo?

Ejemplo de Cooperativa Exitosa

Con el objetivo de mostrar un ejemplo de la vida real de cómo funcionan las cooperativas, ningún ejemplo es mejor que el de una cooperativa formada en plena Guerra Mundial en España

La Corporación Mondragon

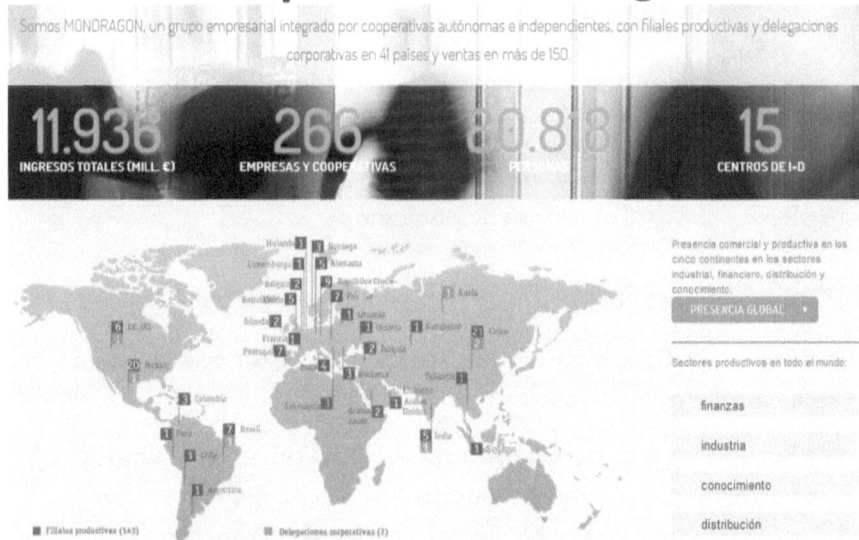

Es un grupo de cooperativas y empresas originario del País Vasco y actualmente extendido por el resto de España y por los cinco continentes. Constituye el primer grupo empresarial vasco y el décimo de España, así como el mayor grupo cooperativo del mundo. A finales de 2016 contaba con 73.635 trabajadores. La **Corporación Mondragon** está compuesta actualmente por 102 cooperativas, 140 filiales productivas, 8 fundaciones, 1 mutua, 10 entidades de cobertura y 7 servicios internacionales, distribuidas en cuatro áreas: Finanzas, Industria, Distribución y Conocimiento. En 2013 y con el objetivo de afianzar su capacidad de innovación, Mondragon puso en marcha M4Future, un modelo integrado de

Licenciado Reynaldo Chirino-Blanco

innovación corporativo que pretende generar nuevas actividades empresariales y fomentar el conocimiento del personal y de sus cooperativas.

Actualmente, la Corporación Mondragon está fuertemente internacionalizada y cuenta con presencia en los cinco continentes. En 2016, el 70% de las ventas totales provinieron del negocio internacional[5] que empleó a 12.000 trabajadores. En 2016, las ventas de Mondragon en el exterior alcanzaron los 3573 millones de euros, el 70% del total de las ventas.

Historia

El sacerdote José María Arizmendiarrieta llegó a Mondragón en 1941 para ser coadjutor auxiliar de la parroquia de la localidad y dos años después, en 1943, creó una Escuela Profesional Politécnica en la que pudieran formarse directivos, técnicos y mano de obra cualificada para las empresas del entorno y, sobre todo, para las cooperativas.

En 1955, Arizmendiarrieta selecciona a cinco jóvenes que trabajaban en la empresa Unión Cerrajera (Usatorre, Larrañaga, Gorroñogoitia, Ormaechea y Ortubay) y en 1956 constituyen entre todos la empresa Talleres Ulgor (el nombre resulta de un acróstico de sus apellidos). Ulgor se convertiría con el tiempo en Fagor Electrodomésticos, el embrión industrial de la Corporación Mondragon.

Durante los siguientes años, aprovechando la autarquía del mercado y el despertar de la economía española, surgen numerosas cooperativas. Entre ellas y siempre bajo el impulso de José María Arizmendiarrieta, se constituyen Caja Laboral (1959) y la Entidad de Previsión Social Lagun Aro (1966), y se configura el primer grupo comarcal Ularco, embrión del asociacionismo cooperativo

El Cooperativismo ¿Una alternativa al Capitalismo?

industrial que tan importante ha sido en la historia de la Corporación. En 1969, fruto de la fusión de nueve cooperativas de consumo locales, se constituye Eroski, la empresa más importante de la Corporación en el ámbito de la Distribución.

En la etapa que va de 1970 a 1990 prosigue el dinamismo de años anteriores, que se expresa en el fuerte incremento del volumen de negocio, el lanzamiento de nuevas Cooperativas promovidas desde la División Empresarial de Caja Laboral, la potenciación del asociacionismo cooperativo con la configuración de los grupos comarcales, y la constitución del Centro de Investigación Ikerlan en 1974.

En 1984, teniendo como horizonte los grandes cambios que se contemplaban con el ingreso de España en la CEE, previsto para 1986, la Corporación Mondragon reformó su área organizativa con la constitución en 1984 del Grupo Cooperativo Mondragón (GCM), antecedente de la Corporación actual. El grupo fomentó la formación permanente de directivos con la creación de Otalora, que se dedicaría a labores de formación y difusión cooperativa. El ejercicio de 1990 concluyó con 23.130 empleos.

El Congreso Cooperativo de diciembre de 1991 toma la decisión de crear Mondragón Corporación Cooperativa (MCC) -hoy Corporación Mondragon-, con el objeto de lograr la máxima eficacia empresarial en el nuevo contexto competitivo, potenciando la dirección estratégica y una organización sectorial de las actividades. Además de los cambios organizativos, los años 90 destacan por desarrollos en el área de Conocimiento: la constitución de la Universidad de Mondragón (en euskera y oficialmente *Mondragon Unibertsitatea*) 1997 y el empuje dado a la investigación, con la puesta en marcha de 10 Centros Tecnológicos sectoriales y del Polo de Innovación Garaia.

El Cooperativismo ¿Una alternativa al Capitalismo?

Los últimos años la Corporación ha instalado plantas productivas en varios países para impulsar su expansión exterior. Asimismo, el Congreso 2011 celebrado el 28 de septiembre en Mondragón, destacó el dimensionamiento e internacionalización de la Corporación como una de las cinco líneas básicas de actuación para el ejercicio 2013-2016. Las otras cuatro fueron el refuerzo de innovación, la profundización en la inter cooperación (entre cooperativas y con aliados exteriores) y el fortalecimiento del compromiso y la identidad cooperativa.[13]

A finales de 2013 se produjo la crisis de Fagor Electrodomésticos, que concluyó con el cierre de la cooperativa y que dio paso a una proceso de reflexión que concluyó en el congreso de julio de 2016 con la aprobación del documento "MONDRAGON del futuro", en el que se reafirmaba la validez y vigencia del modelo cooperativo, y donde se aprobaba la Política Socio empresarial 2016/2019, cuyo reto principal consistía en "conseguir que los negocios se desarrollen desde posiciones competitivas sostenibles".

Cultura empresarial

Iñigo Ucín, presidente del Consejo General de la Corporación Mondragon

Las cooperativas de la **Corporación Mondragon** están vinculadas entre sí por una filosofía y una cultura empresarial común. Comparten los mismos valores corporativos y las mismas políticas generales de carácter empresarial. Estos vínculos se han ido plasmando a lo largo de los años en una serie de estatutos y normas de funcionamiento aprobadas mayoritariamente en los congresos cooperativos, que regulan la actividad de los órganos de gobierno de la corporación (comisión permanente,

El Cooperativismo ¿Una alternativa al Capitalismo?

consejo general), de las cooperativas de base y de las agrupaciones y divisiones a las que pertenecen, tanto desde el punto de vista organizativo e institucional como patrimonial y retributivo.

Todo este entramado de cultura empresarial se ha ido configurando partiendo de una cultura común derivada de los *diez principios básicos cooperativos*: libre adhesión, organización democrática, soberanía del trabajo, carácter instrumental y subordinado del capital, participación en la gestión, solidaridad retributiva, inter-cooperación, transformación social, carácter universal y educación.

Esta filosofía se complementa con la definición de los cuatro valores corporativos: cooperación, actuando como propietarios y protagonistas; participación, que se plasma en un compromiso en la gestión; responsabilidad social, mediante la distribución solidaria de la riqueza; e innovación, dirigida hacia una renovación permanente en todos los ámbitos.

Tras la aprobación en el Congreso de 2016 de la ponencia "MONDRAGON del futuro" se dio un nuevo impulso a los valores del grupo para construir una cultura de autoexigencia y corresponsabilidad. Se propuso impulsar el concepto de "solidaridad responsable", que apoyara la resolución de situaciones empresariales delicadas, la Inter cooperación y la transformación social de los entornos más cercanos, donde se sitúan las cooperativas. Además, en el congreso también se optó por una nueva estructura organizativa, más dinámica y flexible, que pivota en torno a 10 proyectos. Por último, también se acordó poner en marcha un nuevo modelo de "Fondos e instrumentos de inter-cooperación financiera" con el fin de mejorar la posición competitiva de los negocios.

Áreas de actividad

La actividad de las empresas de la Corporación se desarrolla en cuatro áreas: Finanzas, Industria, Distribución y Conocimiento, constituyendo esta última, uno de los diferenciales más característicos de Mondragón como grupo empresarial. En lo que respecta a cifras, la Corporación obtuvo en 2016 unos Ingresos Totales de 12.033 millones de euros. En 2016 El Ebitda fue de 1.031 millones, equivalente al 9% de la cifra de ventas global.[18][19]

Finanzas

Comprende el negocio bancario de Laboral Kutxa, de su participada Seguros Lagun Aro y de la Entidad de Previsión Social Voluntaria LagunAro, cuyo fondo patrimonial ascendía a 6.325 millones de euros al finalizar 2016.

Industria

Engloba la actividad de una gran parte de las empresas integradas en la Corporación dedicadas a la fabricación de Bienes de Consumo, Bienes de Equipo, Componentes Industriales, productos y sistemas para la Construcción y Servicios Empresariales. En 2016, el área industrial contaba con 140 filiales industriales y empleaba a 34.736 personas. Ese año, las cooperativas del sector industrial obtuvieron 5.132 millones de euros en ventas, de las cuales 3.573 se realizaron en el exterior.

- **Mondragon Automatización Industrial:** empresas de Mondragon dedicadas a la automatización de procesos industriales.

El Cooperativismo ¿Una alternativa al Capitalismo?

- **Mondragon Automoción Chasis and Powertrain (CHP)**: agrupa a empresas que fabrican componentes para esta especialidad de automoción:

- **Mondragon Automoción CM**: agrupa a las empresas que fabrican componentes de caucho y plástico preferentemente para el sector de automoción

- **Mondragon Componentes.** Es el grupo industrial de la corporación que agrupa las cooperativas que se dedican a fabricar componentes, principalmente para el sector de los electrodomésticos.

- **Construcción.** Es el grupo industrial que agrupa las cooperativas de la corporación relacionadas con el sector de la construcción.

- **Elevación.** Es el grupo industrial que agrupa las cooperativas de la corporación relacionadas con la fabricación de ascensores.

- **Equipamiento.** Agrupa las cooperativas que fabrican cierto tipo de bienes de consumo, así como componentes eléctricos no asimilables a los sectores de automoción o electrodomésticos.

- **Mondragon Ingeniería y Servicios.** Como su nombre indica agrupa las cooperativas que realizan actividades de ingeniería y servicios de consultoría, formación, etc.

- **Máquina Herramienta.** Agrupa las empresas de la corporación que pertenecen al sector de la máquina-herramienta. Las principales cooperativas de este sector son DANOBAT y SORALUCE, que están agrupadas bajo la marca Danobat Group.

El Cooperativismo ¿Una alternativa al Capitalismo?

- **Sistemas Industriales.** Está formado por varias cooperativas que forman el Grupo ULMA (en euskera y oficialmente *Grupo ULMA Taldea*)

Distribución

Liderada por Eroski, configura uno de los principales grupos de distribución en España, habiendo facturado 6.267 millones de euros en 2016.[21] Extiende su actividad empresarial por España, manteniendo estrechos contactos con el Grupo francés Les Mousquetaires y con el líder de la distribución alemana Edeka, con quienes constituyó en 2002 la alianza internacional Alidis. En la gestión de Eroski intervienen trabajadores propietarios y consumidores socios, participando ambos en los órganos de decisión de la cooperativa.

Al finalizar el ejercicio 2016, la plantilla de Eroski estaba integrada por 33.162 trabajadores, de los cuales 11.352 eran socios;[22] y su red de tiendas la conformaban 1.837 establecimientos, entre los que se incluían 1.269 supermercados, 60 gasolineras, 20 ópticas y 160 agencias de viajes, entre otros.[23][24][25]

El resto de las empresas de este sector se relacionan con el sector alimentario principalmente. Forman el denominado **Grupo Erkop**, cuya sede central está en Mondragón. Las 5 cooperativas que componen Erkop son:

- **Grupo Ausolan:** servicios de restauración a colectividades y platos cocinados. Limpiezas de edificios y locales. Servicio integral sanitario. Está formado por las siguientes cooperativas y empresas:

- **Barrenetxe**: cultivos hortícolas en invernaderos y al aire libre. Produce lechugas, acelgas, pimiento y tomate. Situada en Marquina (Vizcaya).

- **Behi-Alde**: leche y ganado. Situada en Olaeta (Álava).

- **Miba**: piensos compuestos. Ferretería y pequeña maquinaria agrícola. Abonos y semillas. Fitosanitarios. Servicio veterinario. Ubicada en Echebarría (Vizcaya).

- **Unekel**: granja de conejos. En Elorrio (Vizcaya).

- **Mise Servicios Energéticos**: Soluciones en materia de eficiencia energética. Proyecto empresarial promovido por las cooperativas Ondoan, LKS Ingeniería, MSI y Ategi

Conocimiento

Se apoya en un doble soporte: la formación y la innovación, que han constituido dos pilares básicos en el desarrollo de la Corporación. La Formación está ligada principalmente con el dinamismo de Universidad de Mondragón, el notable papel que desarrollan en sus respectivas comarcas Escuela Politécnica Txorierri, Ikastola Arizmendi y el Lea Artibai, la actividad de Otalora, Centro de Desarrollo Directivo y Cooperativo de Mondragón. La innovación, por su parte, ha sido uno de los ejes estratégicos de la Corporación para afrontar la recesión económica: a finales de 2016 tenía 461 de familias de patentes vigentes. En 2016 dedicó 160 millones de euros a I+D+i.

En 2013 las ventas internacionales de Mondragon fueron de 628 millones de euros (un 6,7% más que en 2012) e ingresó 628 millones de euros de ventas procedentes de productos y servicios no existentes cinco años antes.[27] Al año siguiente, la cifra prácticamente se mantuvo, con 620 millones procedentes de la misma partida.

El Cooperativismo ¿Una alternativa al Capitalismo?

Además, en 2016, su red de centros tecnológicos y las unidades de I+D empleó a 1921 investigadores a tiempo completo con dedicación exclusivas a investigación y desarrollo y un total de 10.358 personas cursaron estudios en alguno de sus centros.[2814]

Centros de Formación

- **Ikastola Arizmendi**: es una ikastola con varios centros repartidos por el Valle de Léniz.

- **Escuela Lea Artibai**: centro de estudios secundarios (Bachillerato y formación profesional), así como de estudios superiores de Ingeniería de Polímeros. Situado en Marquina-Jeméin.

- **Universidad de Mondragón**: centro de estudios universitarios. Consta de 4 facultades: Escuela Politécnica Superior; Ciencias Empresariales; Humanidades y Ciencias de la Educación; y Ciencias Gastronómicas. Ofrece 13 grados, 11 programas máster universitarios y 3 líneas de doctorado.

- **MEI**: promueve y gestiona Instituciones de Educación Superior (IES) en Iberoamérica y está formada por Mondragon Unibertsitatea, la Corporación Mondragon y Alecop

- **Otalora**: formación cooperativa y empresarial.

- **Escuela Politécnica** Txorierri: centro de enseñanza técnica (formación profesional) situado en Derio (Vizcaya).

- **Mondragon Lingua**: aprendizaje de idiomas y servicios de traducción.

Centros de investigación e I+D
- **Aotek**: automatización y óptica.

El Cooperativismo ¿Una alternativa al Capitalismo?

- **Edertek**: innovación y desarrollo.
- **ETIC**: desarrollo de proyectos en torno a tecnologías de sistemas embebidos.
- **IK4-Ikerlan**: innovación y desarrollo integral de productos y de procesos de diseño y producción. Líneas de trabajo: sistemas embebidos, conversión y control de sistemas de electrónica de potencia, diseño, monitorización y control de estructuras mecatrónicas, micro tecnologías para diagnóstico in vitro, sistemas de generación y almacenamiento eléctrico de energía y personalización en masa de producto y servicio.
- **Isea**: innovación en servicios avanzados.
- **IK4-Ideko**: Desarrollo e innovación de máquinas herramienta y sistemas. Desarrollo de producto y mejora de procesos de producción. Soporte técnico. Vigilancia tecnológica.
- **Koniker**: I+D en conformado y en ensamble.
- **IK4-Lortek**: Tecnologías de unión.
- **M.T.C. (Maier Technology Centre)**: desarrollo e investigación de conjuntos y componentes de automoción fabricados con termoplásticos. Desarrollo de nuevas tecnologías.
- **MIK (Mondragon Innovation & Knowledge)**: investigación en gestión.
- **Orona Ideo**: sistemas de elevación.
- **Polo de Innovación Garaia**: proveer de infraestructuras para la innovación.

- **Ulma Packaging Technological Center:** desarrollo e investigación para el sector del empacado.

- **Leartiker:** Centro de Investigación, Desarrollo e Innovación especializado en la Tecnología de los Polímeros y la Tecnología de los Alimentos.

- **Centro de Promoción:** Su objetivo es impulsar y dinamizar un ecosistema emprendedor Inter cooperativo que renueve y actualice los negocios existentes y genere otros nuevos, con una estrategia de crecimiento y logro de mayor valor añadido. Sus ámbitos de interés preferentes son la fabricación avanzada, las ciudades inteligentes, la salud, la sostenibilidad, los nuevos materiales y los avances de la revolución digital.

- **CS Centro Stirling:** Unidad de I+D+i empresarial al servicio de las empresas de la División de Componentes.29

- **Cikatek:** Investigación y desarrollo de para Cikautxo de materiales poliméricos, especialmente elastómeros, y productos y procesos destinados a los ámbitos de antivibración, estanqueidad y conducción de fluidos.

Fuente: tomado de Wikipedia, la Enciclopedia Pública (https://es.wikipedia.org/wiki/Corporaci%C3%B3n_Mondragon#Conocimiento)

Anexo III - El Cooperativismo en los Estados Unidos
Reseña Histórica

Las cooperativas en los Estados Unidos hacen parte de una vieja tradición de autoayuda, tan vieja como la misma nación. A través de la historia las cooperativas han permitido a las personas satisfacer necesidades comunes mediante la unión de sus fuerzas. Hoy en día las cooperativas continúan jugando un importante rol en la economía norteamericana.

En **1752** se constituyó la primera cooperativa exitosa en los Estado Unidos, cuando Benjamín Franklin formó el Fondo de Contribución de Filadelfia para asegurar las casas perdidas por incendios.

En **1810** se organizó la primera lechería en Goshen, Connecticut. Igualmente, en 1814 los granjeros de Wisconsin alrededor de Rock Lake en el condado de Jefferson se reunían en casa de un señor Pickett para elaborar queso con la producción de sus granjas.

En **1865** en Michigan se aprobó la que se cree fue la primera ley que reconocía el método cooperativo de comprar y vender.

En **1916** se conformó la primera asociación cooperativa nacional, conocida actualmente como National Cooperative Bussines Association

En **1922** el congreso aprobó el Capper-Volstead Act que permitía a los miembros de las cooperativas actuar juntos para mercadear sus productos sin que esto se constituyera en una violación de las leyes de mercado.

Entre **1920 y 1930** el congreso estableció agencias gubernamentales para proporcionar asistencia técnica y financiera a las cooperativas: the Farm Credit Administration (1929), the National Credit Union Administration (1934) and the Rural electrification Administration (1936).

En **1978** el Congreso aprobó la ley que establece el Banco Nacional Cooperativo (National Cooperative Bank)

En **1986** se fundó la Cooperativa de Distribuidores Independiente de los Estados Unidos, conocida como Independent Distributors Cooperative-USA. Esta cooperativa sectorial les permitió a sus miembros fortalecerse para poder enfrentar en el mercado a sus más grandes competidores.

El Cooperativismo en Estados Unidos

El movimiento cooperativo estadounidense está experimentando una nueva explosión de desarrollo. Cada año millones de personas alrededor del país se están asociando a una cooperativa. El crecimiento del sector cooperativo y el nuevo entusiasmo de los ciudadanos hacia las cooperativas pueden comprobarse a través de los Estados Unidos. A través de "Cooperation Works" una iniciativa desarrollada por la NCBA, se está conduciendo esta renovación cooperativa ampliando las cooperativas existentes y creando nuevas organizaciones solidarias. Las cooperativas están proporcionando a sus miembros poder y voz en la economía global.

La meta de la NCBA es hacer de la empresa cooperativa un sector fuerte, distinto y unificado de la economía, reconocido por el público en general en los Estados Unidos. En la actualidad, en los EE. UU., la mayoría de la gente cree que se tienen solamente tres sectores en la economía local: El sector lucrativo dominado por los inversionistas de negocios, el sector gubernamental y el sector no lucrativo que abarca organizaciones tales como la Cruz Roja, Universidades e Instituciones religiosas. En realidad, existe un cuarto

El Cooperativismo ¿Una alternativa al Capitalismo?

sector que está basado en una serie de valores y principios cooperativos. El Sector Cooperativo está construido con base a negocios que sirven el bienestar económico y social de una gran variedad de personas.

En el nuevo milenio, el mayor desafío para las personas alrededor del mundo es y será la continua concentración de la riqueza. Esta concentración es un gran peligro tanto para la economía como para la libertad política. La economía de los Estados Unidos está experimentando grandes cambios. Por ejemplo, el desempleo bajó al 4.1% hay escasez de trabajadores, la inflación está por debajo del 3%, los ingresos personales han estado aumentando constantemente en los últimos años y esto ha ocasionado que el mercado de acciones haya alcanzado niveles récord, los beneficios corporativos siguen en ascenso, hay exceso de presupuesto, el producto interno bruto creció alrededor del 6% en el 2000. La mayoría de la población norteamericana está experimentando uno de los más grandes periodos de prosperidad de su historia.

Mientras que la economía en general se ha ido expandiendo rápidamente, el sector cooperativo también ha tenido grandes progresos. Hoy, en los Estados Unidos existen aproximadamente 47000 cooperativas con aproximadamente 120 millones de miembros, cifra que representa más o menos el 40% de la población. La NCBA estima que las cooperativas generan cerca de 5 millones de empleos directos. Aunque estas cifras incluyen un gran número de personas, las cooperativas aun forman una pequeña parte de la economía estadounidense. Las cooperativas existentes están creciendo rápidamente ya que han implementado mayor valor a la membresía añadiendo nuevos servicios.

Durante los últimos cinco años, la membresía de las uniones de crédito pasó de 60 millones a 76 millones de personas. Este gran

El Cooperativismo ¿Una alternativa al Capitalismo?

crecimiento es el resultado de la implementación de nuevos servicios para los asociados tales como créditos hipotecarios, prestamos empresariales, programas de retiro y comercio electrónico. El crecimiento de las Uniones de crédito es conocido por el público en general, el 70% de los consumidores consideran que las uniones de crédito ofrecen mejores servicios que la banca tradicional.

Las cooperativas eléctricas hoy en día ofrecen sus servicios a más de 30 millones de personas, que equivalen a más o menos el 13% de la población. La Cooperativas eléctricas están expandiendo sus servicios con la distribución de gas natural, acceso a Internet y televisión satelital.

Muchas cooperativas se encuentran en el listado de las 1000 corporaciones más grandes de los Estados Unidos. Por ejemplo, **Farmland Industries** es la cooperativa más grande de los Estados Unidos con 11 millones de dólares en ventas. En total hay 11 cooperativas en el listado de la revista Fortune dándoles a sus miembros un tremendo poder en el mercado.

Un ejemplo del rápido creciendo de las cooperativas en los Estados Unidos lo es **Nationwide Insurance**. Esta es una de las más grandes cooperativas del mundo y la quinta aseguradora más importante de los Estados Unidos. En sus primeros 70 años de servicios, Natiowide Insurance acumuló 50 billones de dólares en activos a nombre de sus miembros y clientes. Entre 1996 y 1998, NationWide dobló sus activos a 100 billones de dólares y al año siguiente sus activos ascendieron a 200 billones de dólares.

Mientras que el número de miembros está aumentando en las cooperativas existentes por la expansión de servicios, el nacimiento de nuevas organizaciones cooperativa no es menos sorprendente. Por ejemplo, una de las cooperativas más innovadora está localizada en Nueva York. Los 500.000 miembros de cooperativas

Licenciado Reynaldo Chirino-Blanco

El Cooperativismo ¿Una alternativa al Capitalismo?

en la ciudad de Nueva York ampliaron el valor de la membresía conformando **1st Rochdale Cooperative.** Esta cooperativa de consumo ofrece electricidad, telecomunicaciones y acceso a Internet. En su primer año de operación ya ha agregado a su lista de miembros a miles de familias y negocios y próximamente será cooperativa de consumo más grande de los Estados Unidos.

Aunque la economía de los Estados Unidos está creciendo y el país permanece en completo empleo, substanciales segmentos de la población tienen dificultades para ganar un salario de sostenimiento. Las cooperativas creen que un salario de sostenimiento es una oportunidad para el esfuerzo personal. Es la forma en que las familias y las comunidades pueden aumentar su poder y voz, y satisfacer sus necesidades en una economía cada vez más competitiva. Un salario de sostenimiento debe ser acorde con el costo de vida. Pero la brecha entre salario mínimo establecido por el gobierno y el costo de vida es bien larga. En EE. UU. el costo de vida básico para una familia de tres personas está por encima de los 20.000 dólares y el salario mínimo establecido solo genera $10.300 anuales. Aunque millones de personas están empleadas ganando un salario mínimo este no equivale a un salario de sostenimiento.

Las cooperativas en los Estados Unidos están enfocadas en la creación de trabajos que proporciones a las personas un salario vital, justo. Hay numerosos ejemplos de cómo las cooperativas han ayudado a aumentar el poder adquisitivo y la renta de las familias. En la actualidad se están haciendo reformas al sistema de bienestar, y estas reformas han hecho que a millones de personas de personas se les niegue el acceso a dicho bienestar. En muchos casos, el gobierno no ha proporcionado el entrenamiento necesario para obtener un salario de sostenimiento.

El Cooperativismo ¿Una alternativa al Capitalismo?

Los líderes cooperativos han visto la necesidad y están desarrollando cooperativas para crear empleos para personas con bajos ingresos. Uno de los casos más exitosos es el de **Cooperative Home Care Associates**. Esta Cooperativa fue creada en 1985 para proporcionar cuidados a las personas discapacitadas, una meta que sus fundadores creyeron que podría ser realizada mediante la generación de trabajos paramédicos pagando los salarios y ventajas combinadas más altos de la industria local de Nueva York. La mayoría de los miembros de la cooperativa son mujeres latinoamericanas o afroamericanas que estaban en bienestar.

Ellas realizan tareas relativas a la salud y la higiene, operaciones de entretenimiento ligeras y las compras para los discapacitados bajo contratos establecidos con hospitales o agencias de servicio médico. En la Actualidad la cooperativa tiene cerca de 1000 asociados y los salarios y reembolsos proveen a los miembros con una renta substancialmente por encima del salario vital. El financiamiento inicial de esta cooperativa fue proporcionado por el **National Cooperative Bank**. La cooperativa ha sido tan exitosa que cooperativas similares han sido recientemente creadas en Boston, Filadelfia, y los Ángeles.

Nota: tomado de http://confecoop.coop/cooperativismo/en-elmundo/estados-unidos/

Anexo IV - Cooperativismo en el mundo: Hechos y cifras.

Figure 11 Distribución Mundial del Movimiento Cooperativista Actual

Las Cooperativas en las Américas.

▸ En Canadá 4 de cada 10 personas son socias de al menos una cooperativa, mientras que en la provincia de Quebec la cifra se eleva al 70% (2010)

▸ En Uruguay, las cooperativas son responsables del 3% del PIB. Producen el 90% de la leche, el 34% de la miel y el 30% del trigo. El 60% de su producción se exporta a más de 40 países (2011)

▸ Los activos de las cooperativas financieras de El Salvador superan los 1.300 millones de dólares, lo que representa un 9.3% del total del sistema financiero nacional (2010)

En Bolivia existen más de 1.600 cooperativas que generan más de 32.000 empleos directos y más de 128.000 empleos indirectos (2008)

El Cooperativismo ¿Una alternativa al Capitalismo?

▶ En Brasil, las cooperativas son responsables de un 37.2% del PIB agrícola y el 5.4% del PIB global (2009)

▶ Las cooperativas agropecuarias estadounidenses tienen una participación del 28% en el procesamiento y la comercialización de la producción agrícola (2010)

▶ En Estados Unidos las cooperativas eléctricas rurales atienden a más de 42 millones de usuarios residentes en 47 Estados, lo que representa el 42% de las líneas eléctricas del país (2010)

▶ Las cooperativas de ahorro y crédito de Paraguay poseen activos por más de 2.100 millones de dólares, lo que representa casi un 17% del total del sistema financiero nacional (2010)

▶ Las 8.600 cooperativas existentes en Colombia reúnen a 5.5 millones de asociados lo que equivale a decir que 1 de cada 8 colombianos es cooperativista (2011)

▶ Las cooperativas agropecuarias argentinas son responsables de más del 20% del total nacional de las exportaciones de trigo (2010-2011)

▶ Las 6.600 cooperativas vinculadas a la Organización de las Cooperativas Brasileñas reúnen a más de 10 millones de cooperativistas y dan empleo directo a casi 300.000 personas (2011) Las cooperativas de ahorro y crédito de Costa Rica son propietarias de un 8.5% de los activos del sistema financiero nacional (2011)

▶ En República Dominicana las cooperativas reúnen a más de 1 millón de asociados y dan empleo directo a más de 40.000 personas (2011)

Licenciado Reynaldo Chirino-Blanco

El Cooperativismo ¿Una alternativa al Capitalismo?

- Las cooperativas de ahorro y crédito de Ecuador tienen activos por casi 2.500 millones de dólares, lo que representa una participación del 9.12% en el total del sistema financiero nacional (2010)

- En Brasil las cooperativas de salud prestan servicios médicos y odontológicos a 17,7 millones de personas, casi un 10% de la población del país (2011)

- En Argentina existen unas 13.000 cooperativas registradas que reúnen a casi 9.400.000 de socios y dan empleo directo a más de 265.000 personas (2008)

- En Paraguay el capital social de la mayor cooperativa de ahorro y crédito supera al de 11 bancos comerciales (2011)

Anexo V - La magnitud del fenómeno cooperativo global

▸ A nivel mundial las cooperativas cuentan con casi 1.000 millones de socios y generan 100 millones de empleos, un 20 % más que las firmas multinacionales (2012)

Las ventas de las 300 empresas cooperativas más grandes del mundo suman 1.1 trillones de dólares, importe comparable al PIB de algunas de las economías nacionales más importantes (2012)

a.- Sectores de población miembros de cooperativas

▸ En Bélgica existían unas 30.000 cooperativas en 2001

▸ En India los miembros de cooperativas superan los 240 millones de personas

▸ En Japón una de cada 3 familias es cooperativista.

▸ En Kenia una de cada 5 personas es socia de una cooperativa

▸ En Singapur los cooperativistas son 1.400.000, lo que representa una tercera parte de su población

El Cooperativismo ¿Una alternativa al Capitalismo?

b.- Peso significativo en las economías nacionales

▸ En Bélgica las cooperativas farmacéuticas tienen una participación en el mercado de 19.5%

▸ En Corea las cooperativas agrícolas reúnen a más de 2 millones de productores rurales (un 90% del total) y facturan anualmente una cifra superior a los 11.000 millones de dólares. Adicionalmente las cooperativas pesqueras coreanas tienen una participación en el mercado de un 71%

En Chipre las cooperativas representan el 30% del sector bancario y son responsables de la comercialización del 35% de su producción agropecuaria

▸ En Eslovenia las cooperativas agrícolas son responsables del 72% de la producción lechera, 79% de la ganadera, 45% de la de trigo y 77% de la de patatas.

▸ En Finlandia las cooperativas son responsables de la producción de un 74% de los alimentos, un 96% de los lácteos, un 50% de la producción de huevos, 34% de la producción forestal y manejan un 34% de los depósitos en el sistema financiero

▸ En Hungría las cooperativas de consumo fueron responsables del 14.4% de las ventas minoristas de artículos generales y de alimentos durante   2004

▸ En Japón las un 91% de los productores agropecuarios son socios de cooperativas que en conjunto facturan anualmente una cifra superior a los 90.000 millones de dólares

▸ En Kenia las cooperativas tienen una participación del 45% en el PBI del país y gestionan el 31% de los depósitos y ahorros

Licenciado Reynaldo Chirino-Blanco

El Cooperativismo ¿Una alternativa al Capitalismo?

nacionales. Además, producen un 70% del café, un 76% de los productos lácteos y un 95% del algodón.

- En Kuwait las cooperativas de consumo manejan el 80% del comercio minorista del país

En Letonia las cooperativas tienen una participación del 12.3% en el sector de la industria alimenticia

- En Moldavia las cooperativas de consumo son responsables del 6.8% del comercio minorista

- En Noruega las cooperativas producen el 99% de la leche y derivados, las cooperativas de consumo manejan el 25% del mercado, las pesqueras son responsables del 8.7% de las exportaciones nacionales y las forestales tienen una participación del 76% en el sector. Uno de cada 3 habitantes del país es miembro de una cooperativa

- En Polonia las cooperativas producen el 75% de la leche y derivados

- En el Reino Unido la mayor agencia de viajes independiente es una cooperativa

- En Singapur las cooperativas de consumo tienen una participación del 55% en el sector de supermercados y facturan una cifra superior a los 700 millones de dólares anuales

- En Suecia las cooperativas de consumo tienen una participación de 17.5% en su mercado

- En Vietnam la actividad de las cooperativas representa un 8.6% al Producto Bruto Interno.

Licenciado Reynaldo Chirino-Blanco

El Cooperativismo ¿Una alternativa al Capitalismo?

c.- Las cooperativas crean empleos.

▸ Sólo en Europa los bancos cooperativos emplean a más de 700.000 personas

▸ En Eslovaquia las cooperativas emplean a más de 75.000 personas

▸ En Francia 21.000 cooperativas dan empleo a más de 700.000 personas

▸ En Kenia las cooperativas emplean a más de 250.000 personas

Nota: tomado de Cooperativas de Las Américas https://www.aciamericas.coop/Hechos-y-cifras-del-cooperativismo

Tabla de Figuras

Figure 1 Evolución de los precios del petróleo 14

Figure 2 Modos de Producción y sus Grupos Sociales 20

Figure 3 Modelo simplificado del Modo Capitalista de Producción 24

Figure 4 Componentes del precio de las Mercancías 26

Figure 5 Modelo simplificado del Modo Socialista de Producción 31

Figure 6 Modelo simplificado del Modo Cooperativista de Producción 32

Figure 7 Beneficios de pertenecer a una Federación de Cooperativas 40

Figure 8 Estadísticas del Cooperativismo en España 59

Figure 9 Sectores del Cooperativismo español 59

Figure 10 Ranking de las principales Cooperativas de España 60

Figure 11 Distribución Mundial del Movimiento Cooperativista Actual 70

www.ingramcontent.com/pod-product-compliance
Lightning Source LLC
Chambersburg PA
CBHW031447210526
45464CB00005B/2355